AUF MEINE ART

Jugend und Religion

mit Fotos von

URSULA MARKUS

herausgegeben von

**REINER ANSELM
DARIA PEZZOLI-OLGIATI
ANNETTE SCHELLENBERG
THOMAS SCHLAG**

T V Z

Publiziert mit Unterstützung der Universität Zürich, der Baugarten Stiftung und des Zürcher Universitätsvereins

Die Deutsche Bibliothek – Bibliografische Einheitsaufnahme
Die Deutsche Bibliothek verzeichnet diese Publikation in der
Deutschen Nationalbibliografie; detaillierte bibliografische Daten sind im Internet über http://dnb.ddb.de abrufbar.

Layout, Satz und Umschlaggestaltung
Rogerio Franco, Zürich

Fotos
© Ursula Markus, Zürich

Druck
AZ Druck und Datentechnik GmbH, Kempten

ISBN 978-3-290-17467-5
© 2008 Theologischer Verlag, Zürich

NHALT

AUF UNSERE ART

Jugend und Religion in der Schweiz in Bild und Text

«Auf meine Art» – Der Titel des vorliegenden Buchs spielt auf die offene Haltung und die persönliche Sichtweise an, die die Jugendlichen vor Augen führten, als sie nach ihren religiösen Orientierungen und Vorstellungen gefragt wurden. Auf unsere Art möchten wir als Herausgeber die Lesenden und Schauenden in die Fragen, Vorstellungen und Ziele einführen, die zur Entstehung dieses Buches geführt haben. Studierende der Universität Zürich, die Theologie oder Religionswissenschaft in variierenden Studiengängen belegen, haben im Rahmen eines Seminars das Verhältnis von Jugend und Religion aus religionswissenschaftlicher und theologischer Perspektive unter die Lupe genommen. Rasch stellte sich in der interdisziplinären Zusammenarbeit die Erkenntnis ein, dass die Annäherung an das Beziehungsgeflecht von Jugend und Religion so vielfältig beschaffen, disparat und widersprüchlich ist wie die konkreten Manifestationen jugendlicher Religiosität selbst.

Angesichts der unterschiedlichen Herangehensweisen entschieden wir, uns den Phänomenen jugendlicher Religiosität gleichsam vor Ort und im Einzelfall anzunähern. Den Ausgangspunkt der Einzelstudien stellte somit nicht ein vorausgesetzter Religionsbegriff dar, von dem aus etwa nach entsprechenden «Religionsvertretern» Ausschau gehalten wurde. Im Gegenteil, die Studierenden sollten auf induktivem Weg Phänomene, Orientierungen, Haltungen und Vollzüge aufspüren, in denen sich zumindest die Frage nach einer religiösen Dimension in der jeweiligen Lebensführung aufwerfen und ins Spiel bringen liesse.

Diese Vorgehensweise führte zur Entscheidung, die Ergebnisse der Fallstudien nicht in Form klassischer Seminararbeiten, sondern als wissenschaftlich grundierte Reportagen zu dokumentieren. Die Fotografin Ursula Markus erklärte sich bereit, die Studierenden zu begleiten und Porträts zur jeweiligen Einzelstudie anzufertigen.

Mit diesem Buch wird unsere akademische Tätigkeit und unsere Art, religiöse Phänomene, Traditionen und Orientierungen zu analysieren und zu verstehen, einer breiten Öffentlichkeit zugänglich und erfahrbar gemacht. Der vorliegende Band präsentiert eine Vielfalt von Weltbildern, Überzeugungen und religiösen Alltagspraktiken junger Menschen, denen man in Zürich und vermutlich auch in anderen Orten der Schweiz sowie den angrenzenden Ländern begegnen kann. Sowohl die Texte als auch die Bilder sind Momentaufnahmen und sprechen aus der fragmentarischen und dynamischen Kraft des Augenblicks heraus. Die Farben dieser Begegnungen zwischen den Studierenden und den interviewten Jugendlichen geben dem jeweiligen Eigen-Sinn bildhaften Ausdruck. Insofern wollen die Texte in ihrer Gesamtheit keinen Anspruch auf Vollständigkeit oder gar Verallgemeinerungsfähigkeit erheben. Dennoch möchten wir drei übergreifende Aspekte markieren, die sich aus der Vielfalt der Porträts gewinnen lassen.

Einzigartigkeit und Kommunikation

Die Texte und die Fotografien zeigen uns unterschiedliche Menschen in ihrer Einzigartigkeit. Beim Lesen und Schauen fällt unmittelbar auf, dass sie sich mit der sie umgebenden Welt in Verbindung setzen und regen Austausch pflegen. Individualität und Kommunikation zeigen sich in den Texten dieses Buches als zwei spannungsvolle Pole. In den Reportagen und Bildern fällt auf, dass die Jugendlichen innerhalb von Gruppen oder, allgemein ausgedrückt, mit ihrer Umwelt auf unterschiedliche Weise kommunizieren: Der Umgang mit dem Körper, eine besondere Musikart, das Erleben bestimmter Rituale sowie das Internet stellen Facetten eines komplexen Kommunikationsnetzwerks dar, in dem religiöse und existentielle Orientierungen eigenständig artikuliert werden. Die Jugendlichen drücken sich aus, indem sie sich mit anderen Menschen in Verbindung setzen oder sich bewusst von anderen abgrenzen.

Von besonderer Bedeutung ist dabei der eigene Körper: Make-up, Tätowierungen, die Frisur, aber auch Schmuck und Kleidung markieren die Identität und Identitätssuche. Wie die eigene Erscheinung gestaltet und wie der Körper gestylt wird, signiert – auf mehr oder weniger deutliche Weise – die persönliche weltanschauliche und/oder religiöse Überzeugung.

Auch der Computer mit seinen elektronisch vermittelten Sprachen tritt als Kommunikationsmedium sehr stark in Erscheinung: Das Internet nimmt als Ort der Begegnung und des Austausches einen festen Platz im Leben vieler der porträtierten jungen Frauen und Männer ein. Es werden dort komplexe Netzwerke und eigentümliche Jargons erfunden und perfektioniert. Obwohl sehr viele Menschen in dieser mindestens teilweise virtuellen Welt zusammenkommen und diskutieren, bleiben sie zugleich in einer anonymen Welt verborgen: Einzigartigkeit, Intimität und Austausch werden in diesem Medium neu verbunden und definiert. Der Avatar, den einzelne Individuen auf eigene Art gestalten und bewegen, verweist auf einen Menschen, der viel über sich selbst preisgibt und sich im Online-Spiel zugleich immer wieder neu erfindet.

Eine weitere wesentliche Kommunikationsform, von der in den Beiträgen viel die Rede ist, bildet die Musik. In der Black Metal- und in der Hardliner-Szene stellt sie das verbindende Element zwischen relativ unterschiedlichen Ausrichtungen und Sichtweisen dar. Auch in den Gottesdiensten des *International Christian Fellowship* (ICF) ist der musikalische Stil ein tragendes Identifikationselement und erlaubt kollektive emotionsgeladene Erfahrungen.

Diese beispielhaft genannten kommunikativen Ausdrucksformen jugendlicher Einzigartigkeit verweisen auf den grösseren Zusammenhang, in dem der Bezug von Jugend und Religiosität gedeutet werden kann.

Jugend, Religion und Gesellschaft

Die Mehrzahl der hier porträtierten Jugendlichen steht im Übergang von der Jugend zum Erwachsensein. Es ist also nicht überraschend, dass sie versuchen, die eigene Identität auch für den Bereich der religiösen Orientierung zu finden. Dies gilt auch für die Autorinnen und Autoren, die sich grösstenteils in derselben Situation befinden und somit in den Porträts indirekt immer auch auf sich selbst verweisen und damit zugleich etwas von sich selbst preisgeben.

Trotz dieser aus der Lebenssituation der porträtierten Jugendlichen sowie der Studierenden resultierenden Grundstruktur und bei aller Zufälligkeit der Auswahl ist es bemerkenswert, wie sehr Religionsausübung und religiöse Sinnsuche als Gegenüber zum gesellschaftlichen Leben profiliert werden: Ob für eine moderne Hexe, einen Anhänger von Black Metal oder auch eine Teilnehmerin des Weltjugendtags – in allen Fällen bietet die Religion einen Bezugsrahmen, der es ihnen ermöglicht, sich von der im Alltag erlebten Lebenswelt zu distanzieren oder diesen Bezugsrahmen gerade bewusst zu erweitern.

Die eigene Art, die die Jugendlichen für ihr Verhältnis zur Religion in Anspruch nehmen, wird hier überlagert von einer nicht so differenten gemeinsamen Struktur. Dabei ist auffällig, dass es in erster Linie Stereotype sind, die die Jugendlichen als Folie ihrer eigenen Spiritualität auf- und anbieten. «Nicht so wie», «nicht so autoritär», «nicht so fest gefügt», «nicht so konventionell» – mit solchen Formeln wird die religiöse Landschaft beschrieben, die die Jugendlichen in ihrem Umfeld erleben. Die eigene Form der Religiosität erscheint als eine Gegenwelt, als «das Andere» im Gegenüber zu Gesellschaft und institutionalisierter

Religion. Die Verbindung von Identitätssuche und Religion weist auf diejenige zwischen Religion und Individualität. Deren genaues Verhältnis gilt es allerdings neu zu bestimmen. Denn galt der religionssoziologischen Klassik die Religion im Wesentlichen als eine kollektive Angelegenheit, die der Vereinzelung moderner Gesellschaften entgegenwirken und verbindende Standards für das gemeinsame Zusammenleben etablieren sollte, so erscheint diese Funktion im Blick auf die Jugendlichen als obsolet: Religion ist zwar nach wie vor eine kollektive Praxis, aber ihr Bezugspunkt ist nicht die Gesamtgesellschaft, sondern die jeweilige Peer-group. Sie vermag die Einzelnen nur so weit zu binden, wie die jeweilige Kleingruppe reicht, hat also selbst Anteil an den Differenzierungsprozessen moderner Gesellschaften.

Die Differenzierungsprozesse der Moderne machen folglich vor der Religion nicht halt, aber sie führen nicht, wie es vielleicht aus der Perspektive etablierter Religionsgemeinschaften den Anschein haben könnte, zu einer Abschwächung, sondern gerade zu einer Neubelebung der Religion in der Gegenwart. Dies resultiert offenbar aus der Notwendigkeit, zu einer Stabilisierung der eigenen Identität angesichts zahlreicher Entscheidungsmöglichkeiten und immer komplexer werdender gesellschaftlicher Strukturen zu gelangen.

Religionen bieten hier Leitmuster und Möglichkeiten der Komplexitätsreduktion und erweisen sich darin für die Mitglieder moderner Gesellschaften als dienlich. In diesem Zuschnitt kann die Religion zwar für einen Rückzug in die Innenwelt des Privaten – gegebenenfalls eben auch einer Gruppe – stehen und darin keine gesellschaftliche Bedeutung entfalten, es kann aber auch zu einer transzendent verstärkten Hinwendung zu einer Gegenwelt kommen und damit zu einer Form von Religiosität, die sich nicht einfach im Privaten abspielt, sondern sich dezidiert der gesellschaftlichen Integration verweigert. Beide Spielarten begegnen derzeit in der Religionslandschaft der Schweiz.

Religiöse Vielfalt und Bildung

Die einzelnen Beiträge machen deutlich, wie intensiv und eigenständig sich Jugendliche mit den religiösen Optionen und Erfahrungen auseinandersetzen, die ihnen inmitten ihrer Lebenswelten begegnen und angeboten werden. Der immer wieder konstatierte «Zwang zur Wahl» erscheint zumindest in den vorliegenden Porträts als bewusste Selbstpositionierung, kreative Verantwortungsübernahme sowie als ernsthafte Selbstverpflichtung gegenüber den verschiedensten Orientierungsangeboten religiöser Bezugsgruppen und ihren jeweiligen Praktiken. Deutlich ist auch, dass die porträtierten Jugendlichen sowohl auf die Sprach- und Deutungsmuster der jeweiligen Gruppe zurückgreifen als auch gleichzeitig ihre eigenen Vorstellungen entwickeln und diese plausibel und selbstbewusst vertreten können.

Zudem zeigt sich eine hohe Kompetenz, mit den individuellen religiösen Sozialisationserfahrungen und dem pluralen Informationsangebot unterschiedlichster religiöser Anschauungen eigenständig umzugehen und daraus stimmige Konsequenzen für die eigene alltäglich-religiöse Lebensführung zu ziehen.

Mögen einzelne der hier beschriebenen religiösen Präferenzen als exotisch und sonderbar erscheinen, so verweisen die Beiträge in ihrer Gesamtheit doch auf die faktischen Kompetenzen von Jugendlichen im Umgang mit religiöser Pluralität. Deshalb sollten sich Verantwortliche in den Bereichen schulischer und kirchlicher Bildung von dieser Vielfalt und eigenständigen Wahl nicht dazu herausgefordert fühlen, neue Eindeutigkeiten herzustellen, sondern sich dazu ermutigt sehen, die eigenen Bildungsangebote gerade mit den vorhandenen Deutungskompetenzen der Jugendlichen zu verknüpfen. Die erkennbare kritische Wahrnehmung «klassischer» religiöser Institutionen muss keineswegs als prinzipielle Distanznahme interpretiert werden, sondern verweist vielmehr darauf, dass Angebote religiöser Beheimatung nach wie vor dann auf Interesse stossen können, wenn sie die autonomen Orientierungsbedürfnisse der Jugendlichen selbst zum Ausgangspunkt ihrer Bildungsangebote machen. In dieser Hinsicht markieren die subjektiven Beiträge die Notwendigkeit, religiöse Fragen am Ort von Individualität und Gesellschaft ihrerseits auf der unhintergehbaren Prämisse der Subjektorientierung zu thematisieren.

Jugendliche suchen somit kompetent und offen auf «ihre eigene Art» nach passenden Ausdrucksformen eigener Religiosität. Dies ist gerade nicht als Gefährdung anzusehen, vielmehr als Chance für den notwendigen Religionsdiskurs und -dialog in der pluralistischen Gesellschaft zu begreifen. In diesem Sinn verstehen wir die vorliegenden Beiträge in «Bild und Text» als geeignete Impulse für konkrete Bildungsarbeit, um daran einerseits die Fähigkeit zum Verstehen unterschiedlichster Religionen zu befördern, andererseits Prozesse der jugendlichen Selbstverständigung über eigene religiöse Haltungen zu motivieren und zu intensivieren.

Dankesworte

Das Projekt konnte nur dank der tatkräftigen Unterstützung der Universität Zürich und der Theologischen Fakultät realisiert werden. Beide haben das Projekt von Anfang an stark gefördert, nicht zuletzt mit erheblichen logistischen und finanziellen Mitteln. Darüber hinaus möchten wir der Baugarten Stiftung und dem Zürcher Universitätsverein unseren besten Dank aussprechen. Als sehr bereichernd hat sich die Zusammenarbeit mit der Fotografin Ursula Markus erwiesen. Wir danken ihr nicht nur für die überzeugenden und eindrücklichen Bilder, sondern auch für die neugierige und feinfühlige Begleitung der Studierenden auf ihrer Feldforschung. Auch Annette Schellenberg hat durch die intensive sprachliche Betreuung der Studierenden in den verschiedenen Phasen der Textentstehung und -redaktion entscheidend zum Gelingen des Buchs beigetragen. Danken möchten wir auch dem Theologischen Verlag Zürich, besonders Marianne Stauffacher. Sie hat diesem Projekt auf kompetente und unkomplizierte Weise die Tore geöffnet. Ein herzliches Dankeschön gebührt allen Studierenden des Seminars «Jugend und Religion». Denn sie haben sich auf dieses Experiment eingelassen und durch grosses Engagement alle Phasen des Entstehungsprozesses kreativ, kritisch und spielerisch mitgestaltet. Das letzte Dankeswort richten wir an alle involvierten Jugendlichen, die mit ihrer Offenheit die Entstehung dieses Buches erst ermöglicht haben.

Zürich, im November 2007

Reiner Anselm, Daria Pezzoli-Olgiati, Thomas Schlag

«DER ISLAM IST DIE RICHTIGE RELIGION FÜR MICH»

AUS DEM ALLTAG VON ESMA ARNAUTOVIC AUS BILTEN *Monika Glavac*

«Eine Frechheit ist das!», ruft Esma lauthals. Sie trägt ein schwarzes, knielanges Kleid über einem weissen T-Shirt und weissen Hosen. Die Farben ihres Kopftuchs sind schwarz, grau und weiss. Die drapierte Seide umrahmt ihr Gesicht, auf dem jetzt ein Lachen liegt. Die Mitschüler und Mitschülerinnen stimmen in ihr Lachen ein. Denn auch sie haben beobachtet, wie Karin, ein Mädchen aus der Klasse, ein Tuch kurzerhand in ein Kopftuch umgewandelt hat, das sie zuvor als Band um den Kopf trug.

Esma und Karin treten mit drei weiteren Schülerinnen in die Mitte des Schulzimmers und führen den ersten Aufzug von William Shakespeares «Macbeth» auf: Drei Hexen auf einem offenen Platz. Es blitzt und donnert. Der Dialog der Hexen endet mit den Worten «Fair is foul, and foul is fair», womit sie auf künftige Ereignisse im Stück hindeuten. Die fünf Schülerinnen ernten für ihre Interpretation der Szene Applaus. Sie gehen zurück auf ihre Plätze. Karin faltet ihr Tuch wieder zu einem schmalen Band, während Esma geschickt die feine Nadel löst, die am Hinterkopf das Kopftuch zusammenhält, um dieses wieder straff zu ziehen.

«Ich war 13 Jahre alt, als ich mich verhüllt habe», erzählt die heute 18-jährige Esma. Sie stand damals kurz vor dem Übertritt von der Primarschule in Bilten in die Kantonsschule Glarus. Während der langen Sommerferien hatte sie Zeit, sich auf die Umstellung vorzubereiten. Ihre Mutter, eine ihrer Schwestern und ihre

Schwägerin hatten sich bereits verhüllt. «Ich wurde von meiner Familie angeregt, darüber nachzudenken.» Sie sah schliesslich nichts Negatives darin, so dass sie sich dafür entschied. «Man streitet sich zwar in der Auslegung des Korans, ob es eine Pflicht ist oder nicht, aber ich tue lieber etwas zu viel als zu wenig.» Als sie zum ersten Mal mit Kopftuch aus dem Haus ging, überquerte sie nur die Strasse und ging zum nah gelegenen Lebensmitteldiscounter. «Die Kassiererin, die mich kannte, war sehr verwundert», erinnert sich Esma, die nach ihrer Verhüllung mit vielen Fragen konfrontiert wurde. Ihre Freundinnen aus der Primarschule traten ihr anfänglich mit Zurückhaltung entgegen und bedauerten, dass sie ihr schönes Haar nun bedeckte. «Sie haben aber rasch gemerkt, dass ich mich als Mensch nicht verändert habe», meint Esma rückblickend. Der Eintritt ins Gymnasium bedeutete für Esma den Beginn eines neuen Lebensabschnitts. Nicht nur, dass sich ihr Schulweg verlängerte, sie auf neue Lehrpersonen traf und in eine neue Klasse kam, sondern sie war nun auch verhüllt. «Ich fühlte mich reifer. Es war ein neuer und, was den Glauben betrifft, konsequenterer Weg, den ich eingeschlagen habe», beschreibt sie ihre Empfindungen von damals.

Der Glaube ist immer da

Esma sitzt mit angewinkelten Beinen auf ihrem Bett zu Hause in Bilten, dort, wo sie über Gott und die Welt nachdenkt, wie sie selbst sagt. Ihr Blick ist aufs Fenster gerichtet. Der Vorhang mit den rot bedruckten Blumen bewegt sich sanft im Wind. «Den Glauben trage ich immer im Herzen. Wenn ich alles verlieren sollte, so wird der Glaube immer noch in mir sein, und niemand kann ihn mir wegnehmen.» Esma, ihre beiden Schwestern, ihr Bruder und ihre Eltern sind 1993 in die Schweiz gekommen. Im selben

Jahr haben aufgrund der Kriegsgeschehnisse in Bosnien und Herzegowina fast 6000 Muslime in der Schweiz Asyl gesucht. Esma war vier Jahre alt, als sie und ihre Familie aus Bosnien geflüchtet sind, nachdem sie Haus und Hof und damit ihre Existenzgrundlage verloren hatten. Ein Verwandter schickte ihnen einmal eine Fotografie. «Zu sehen war die Ruine unseres Hauses», sagt Esma ohne Umschweife und ohne Bitterkeit. Nach der Erfahrung des Verlustes fand die Familie Halt im Glauben. «Ich hüte den Glauben aufgrund dieser Erfahrung noch mehr.» Die Familiemitglieder verfügen heute über die Aufenthaltsbewilligung C, womit für sie keine Kontrollpflicht mehr besteht und sie auf dem Arbeitsmarkt den Schweizer Bürgern und Bürgerinnen gleichgestellt sind.

Esma wird von ihrem Umfeld als gläubige Muslimin wahrgenommen. «Ich sehe mich auch als gläubige Muslimin, aber ich bin mir nicht sicher, ob ich stets das Richtige dafür tue.» Zeitweise belastet sie die Unsicherheit, ob das, von dem sie glaubt, dass es das Richtige sei, auch für Gott stimmt. Für einen Moment legt sich ihre Stirn in Falten. «Manchmal habe ich Gewissensbisse, wenn ich nicht rechtzeitig beten kann, weil ich in der Schule bin», gibt sie zu. Jeden Tag betet Esma die fünf Namaz-Gebete: das Morgen-, Mittag-, Nachmittag-, Abend- und Nachtgebet. Entweder richtet sie ihren Gebetsteppich in ihrem Zimmer gegen Mekka aus und «schickt die Gebetssprüche zu Allah» oder sie betet gemeinsam mit ihrer Familie im Wohn-

zimmer. Für die Namaz-Gebete zieht sich Esma, die in ihrem Alltag meist Rock oder Kleid über einer Hose trägt, einen bodenlangen Rock an. «Ich bin mir nicht sicher, ob mein Alltagslook richtig ist», sagt sie, «aber er ist praktischer.» Dass es auch andere tun, beruhigt ihr Gewissen. Trotzdem versucht sie, die Regeln des Islam nie bewusst zu missachten. «Ich lebe so, wie ich denke, dass es richtig ist.»

Esma ist wie alle gläubigen Muslime davon überzeugt, dass sie nach ihrem Tod vor Gottes Gericht stehen wird, und dann ihre guten und schlechten Taten abgewogen werden: «Auf meiner rechten Schulter sitzt der Engel, der alle guten Taten aufschreibt, auf meiner linken der Engel, der alle schlechten Taten vermerkt», beschreibt es die junge Muslimin sachlich. Die Angst, die schlechten Taten könnten überwiegen, erfasst sie nur dann, wenn ihr innerer Glaube schwach ist. Der Islam lehrt nämlich, dass einem sündhaften Menschen der Eingang ins Paradies verwehrt wird und er in der Hölle ewig brennen muss. Doch Esma findet, dass diese Angst nicht nur negativ, sondern auch ein Ansporn ist, sich an die Regeln zu halten. Unter den Vorschriften versteht sie die fünf Säulen des Islam: das Glaubensbekenntnis, das Ausführen der Namaz-Gebete, das Einhalten des Fastens während des Ramadan, das Verteilen der Almosen sowie den Haddsch, die Pilgerreise nach Mekka. «Wichtig sind aber auch die kleinen Dinge des Alltags wie, kein Schweinefleisch zu essen, keinen Alkohol zu trinken und freundlich zu seinen Mitmenschen zu sein», meint Esma und gibt zu bedenken, «es nützt nichts, zu Hause zu beten und draussen zu fluchen».

Sie ärgert sich über diejenigen Muslime, die ein Lippenbekenntnis ablegen, sich aber nicht an die Regeln halten. «Ich werde dann von Andersgläubigen immer darauf angesprochen und gefragt, warum der Betreffende Alkohol trinkt oder das Fasten nicht einhält und trotzdem ein stolzer Muslim ist.» Ihre Stimme ist lauter, bestimmter geworden, und sie gestikuliert mit ihren Händen. «Diejenigen, die bewusst die Regeln brechen, vermitteln den Glauben falsch.» Sie überlegt und fügt dann an, dass zu urteilen nicht in ihrer, sondern in Gottes Hand liege.

Klänge in der Moschee

Während die Erwachsenen und Kinder im Restaurant der «Dzemat der Islamischen Gemeinschaften Bosniens» in Schlieren sitzen, Kaffee trinken oder Cevapcici mit Ajvar essen, haben sich im Kellerraum der Moschee mehr als ein Dutzend Jugendliche versammelt, weil an diesem Abend Jugendtreff ist. Ein junger Mann deutet auf seine Halskette und dann auf den Anhänger: «Muslem 4 life» ist eingraviert. Musik schallt aus den Lautsprechern. Die jungen Männer spielen Billard, eine Gruppe junger Frauen steht beieinander und plaudert. Sie tragen eng anliegende Jeans und modische Blusen knapp über der Hüfte. In der Gemeinschaft dieser Moschee ist von der jüngeren Generation nur Esma stets verhüllt. Ihre Freundin Amina hat extra für den Moscheebesuch Kopftuch und langen Rock angezogen. «Viele Frauen und Mädchen verhüllen sich erst, wenn sie die Moschee betreten», erklärt Esma. Tatsächlich legt später eines der Mädchen einen langen Mantel und ein Kopftuch um, bevor sie den Raum betritt, in dem gebetet wird.

Der Ruf zum Gebet ertönt. Die Männer, alte und junge, stehen vorne links dicht beieinander, die Frauen und die achtjährige Nichte von Esma stehen einige Reihen entfernt hinten rechts. «Weil Frauen stärker sind und sich durch die Männer nicht ablenken lassen», wie der Imam nachher erklären wird. Esma legt ihre Hände unter der Brust übereinander. Sie ist ruhig, versunken. Ihren Blick gesenkt, steht sie in einer Reihe mit ihrer Mutter, der Schwägerin und den Freundinnen. Die arabischen Gebetsworte, die nun der Imam melodiös spricht, klingen im Raum. Plötzlich verändert sich die Haltung der Gläubigen, sie beugen sich nach vorne, verharren kurz, sinken dann mit einer anmutigen Bewegung auf die Knie und pressen ihre Stirn auf den Teppich. Dreimal wiederholt sich dieser Ablauf im Abendgebet. Die langen, wallenden Kleider der Frauen rascheln bei den Bewegungen. Es folgen weitere rituelle Handlungen, bis sich die Männer am Schluss die Hand reichen und «as-salamu 'alaikum» sagen. Danach verteilen sich die Männer und Frauen wieder. Einige bleiben noch im Gebetsraum, nutzen die Gelegenheit, ein paar Worte mit dem jungen Imam zu wechseln. Draussen werden die Schuhe wieder angezogen. Das Mädchen, das vorher noch den bodenlangen Mantel und ein Kopftuch trug, schüttelt ihr langes braunes Haar.

Wenn andere im Meer schwimmen ...

«Eine meiner Schwestern verhüllt sich auch nur zum Gebet», erzählt Esma. Sie findet die Entscheidung ihrer Schwester, kein Kopftuch zu tragen, zwar schade, will aber keinen Einfluss auf sie ausüben. «Man kann den Glaubensweg niemandem aufzwingen», davon ist sie überzeugt. Sie übt ihre Religion für sich aus. Der Islam ist für die 18-Jährige eine Lebensweise, «weil ich ihn praktiziere». Was für andere Sport oder Hobby bedeuten, ist für sie die Religion. «Sie gehört einfach zu meinem Leben.» Zweifel kommen bei Esma nur phasenweise auf: «Wenn ich mit mir nicht im Reinen bin, dann kann es geschehen, dass ich hadere.» Zum Beispiel dann, wenn jemand stirbt oder krank ist. «Dann frage ich mich, warum das geschehen musste.» Aber am Islam zweifelt Esma nicht, denn er ist für sie die richtige Religion.

Dennoch gibt es Momente, in denen sie durch ihre Lebensweise eingeschränkter ist als andere, etwa dann, wenn ihre Schulkameradinnen ausgehen. Sie geht zwar hin und wieder mit, etwas trinken oder Pizza essen, aber sie muss bei Zeiten zu Hause sein. Auf der Maturareise ihrer Klasse nach Barcelona hat sie alles mitgemacht, nur als ihre Mitschüler und Mitschülerinnen in Badekleidern ins Meer sprangen, schaute sie vom Strand aus zu. Esma sagt dazu, ohne dass Bedauern oder Enttäuschung in ihrer Stimme mitschwängen: «In dieser Situation fühlte ich mich eingeschränkt, aber das Gefühl verging wieder, weil: Im Meer gebadet hätte ich nur eine Stunde, während mich die Religion mein ganzes Leben begleitet.»

Es ist ein sonniger, warmer Frühlingstag. Die Gymnasiasten und Gymnasiastinnen haben Mittagspause. Esma und ihre Freundinnen sitzen vor dem Schulhaus. Rahel schwärmt vom neuen Praktikanten, alle Mädchen stimmen ein. Sie kichern und tuscheln, so wie es unter Teenagern üblich ist. «Ich bin nicht anders als die anderen Mädchen, und ich verstecke mich nicht», sagt Esma selbstbewusst. An der Kantonsschule Glarus wurde sie von Anfang an akzeptiert, sowohl von den Lehrkräften als auch von den Schülerinnen und Schülern. Obwohl sich drei weitere Muslime im selben Jahrgang befinden, wird Esma wegen ihres offenen und kommunikativen Wesens oft in andere Klassen gebeten, um den Islam vorzustellen oder gesellschaftliche Ereignisse im Zusammenhang mit dem Islam zu kommentieren. «Ich habe eine Art Botschafterrolle übernommen», erzählt sie stolz. Heute stehen Esma und ihre Schulfreundinnen kurz vor den Maturaprüfungen: «Ich befinde mich momentan wieder in einer Umbruchphase.» Veränderungen stehen bevor. Esma möchte Islam- sowie Medien- und Kommunikationswissenschaften in Bern und Freiburg studieren. Einerseits freut sie sich auf die kommenden Studienjahre, andererseits bedauert sie den Abgang vom Gymnasium. Noch sitzen die Mädchen aber vor dem Schulhaus, lachen und tratschen über den Praktikanten. Sabrina, die ein T-Shirt mit Spaghettiträgern und eine kurze Hose trägt, lässt gedankenversunken ihre Finger über das Kopftuch ihrer Freundin Esma gleiten.

JUGENDLICHE IN DER GRIECHISCH-ORTHODOXEN KIRCHGEMEINDE IN ZÜRICH

Anna Sieg

«Wissen Sie, die Kirche ist wie ein Schirm», sagt Pfarrer Emmanuel Simandirakis lächelnd und zeigt mit seiner Hand auf den grossen, weissen Bau, der auf der anderen Seite des Innenhofs zu sehen ist. Ist man nicht Teil der griechischen Gemeinschaft, zu der etwa 5000 Griechinnen und Griechen in Zürich gehören, lässt sich nur schwer erahnen, was genau der freundliche «Papa» Simandirakis mit diesen Worten meint.

To Plio – das Schiff

Die griechisch-orthodoxe Kirche an der Rousseaustrasse gleich oberhalb des Lettenareals in Zürich wirkt kühl, aber nur von aussen. Im Innern strahlt sie eine südliche Wärme aus. Im Kirchenkomplex befindet sich unter anderem das Büro vom Pfarrer Simandirakis. Ein kleiner Hund wirbelt herum, auf dem Tisch steht ein Aschenbecher und das Telefon klingelt alle paar Minuten. Hinter seinem grossen Holzpult vor einem Regal mit Büchern über Griechenland, Theologie und Geschichte empfängt er die Menschen, die bei ihm Rat suchen. Dies tut er seit vierzig Jahren. Ein «Ein-Mann-Unternehmen» sei er – trotzdem keine Spur von Hektik. Ruhig und überlegt spricht er. Seine Worte, in Hochdeutsch mit Akzent, sind treffend und eindrücklich.
Anfang der 1960er-Jahre reisten viele Griechinnen und Griechen auf der Suche nach Arbeit in die Schweiz, vor allem nach Zürich. Auch Panagiotas Eltern sind in dieser Zeit nach Zürich gekommen. Die zierliche 26-

jährige Griechin mit dunklen, glänzenden Haaren und leuchtenden Augen ist in der Schweiz aufgewachsen. Denn hier haben sich ihre Eltern kennen gelernt, geheiratet und eine Familie gegründet. Wie ihren Eltern erging es damals vielen: Das unbekannte Land und die fremde Sprache bereiteten den Einwanderern Schwierigkeiten. Die griechisch-orthodoxe Kirchgemeinde Hagios Dimitrios ist auch heute noch die wichtigste Anlaufstelle für die Auslandgriechen, nicht nur in religiösen Belangen. Im Jahr 1967 übernahm der junge Theologe Simandirakis die Stelle als Pfarrer. Nach der Gründung der Stiftung Griechisch-Orthodoxe Kirche Zürich im Jahr 1977 hat es fast zwanzig Jahre gedauert, bis die Gemeinde ihre eigene Kirche im Sommer 1995 einweihen konnte. To Plio – das Schiff –, wie sie von den Griechen genannt wird, dient nicht nur als religiöses Zentrum, sondern auch als kultureller Treffpunkt.

Die Uhren ticken griechisch

An Ostern herrscht im Kirchenkomplex Hochbetrieb. Dicht gedrängt ist das Programm in dieser Woche – vom Palmsonntag bis zum Ostersonntag, an dem die Auferstehung Christi gefeiert wird. Es ist die wichtigste Woche im rituellen Kalender der griechisch-orthodoxen Gemeinschaft. Das Datum wird vom Gregorianischen Kalender vorgegeben. Am Karfreitagmorgen sitzen Christianna (13) und Georgia (14) mit einem Korb Blumen auf dem Boden vor der Ikonostase, der Bilderwand, die den Altarraum im Innern der Kirche abtrennt. Für die zwei jungen Griechinnen ist klar, dass sie nicht wie gewohnt nur am Gottesdienst teilnehmen, sondern auch mithelfen. Sie schmücken gemeinsam mit einigen Frauen, angeleitet von der Frau des Pfarrers, den Epitaphio – den symbolischen Sarg Christi. Viele bunte Blumen stecken sie sorgfältig an das Holzgerüst, bis dieses ganz eingekleidet ist. Freiwillig machen sie das, darin sind sich die jungen Griechinnen einig. Ihre Tante habe sie einmal mitgenommen zu den Vorbereitungen für die Karfreitagsprozession, bei welcher der Grablegung Christi gedacht wird, sagt Christianna. Seit diesem Tag geht sie häufig zum Gottesdienst. Danach fühle sie sich rein. Georgia kommt wegen ihrer Freundin in die Kirche. Ihr gefällt es einfach. Sie lebt nun in Griechenland – seit sechs Jahren. Ihre Eltern haben ein Hotel im Norden des Landes übernommen. Ist sie in der Schweiz, wohnt sie bei Christianna.

Nicht viele Jugendliche wollen bei den Vorbereitungen für das Osterfest helfen. Die meisten Gleichaltrigen kämen aber am Freitag- und Samstagabend mit ihren Familien in die Kirche, sagen die beiden. Auch Panagiotas Familie kommt immer ans Osterfest. Als sie noch jünger war, sei sie wegen ihrer Mutter mitgegangen, weil sie wusste, dass es ihr viel bedeutete. Heute geht sie aus eigener Überzeugung hin. Als wirklich religiös würde sie sich trotzdem nicht bezeichnen. Sie habe sich nie speziell mit ihrer Religion auseinandergesetzt. Sie sei Griechin und deshalb gehöre sie zur Griechisch-Orthodoxen Kirchgemeinde. Die traditionelle Osterfeier sei immer ein schöner Anlass. Besonders die Prozession am Freitag und die Kerzen, die am Samstagabend um Mitternacht angezündet werden, gefallen ihr gut. Die Kerzen sind auch für Christianna und Georgia etwas Besonderes, denn sie seien ein Geschenk ihrer Patin oder ihres Paten. Zudem lieben sowohl die Freundinnen wie auch Panagiota den byzantinischen Gesang der Liturgen und die Chöre. Sie verständen zwar nichts, aber beruhigend sei es. Und der Duft des Weihrauchs und der brennenden Kerzen erfülle das Innere der Kirche.

Manchmal stört sich Panagiota daran, dass die Griechen nicht einmal in der Kirche still sein könnten. Trotzdem, sie schwatze ja auch, denn der Gottesdienst sei die Gelegenheit, um Freunde, Bekannte und Verwandte zu treffen. Das bringe die Leute zusammen. «Die Kirche ist jeden Sonntag voll», sagt der Pfarrer stolz. Anders als bei den Katholiken oder den Protestanten. So ist es tatsächlich, besonders in der Osterwo-

che. Als Erste kommen wie immer die älteren Menschen. Sie nehmen auf den Stühlen vor dem Altarraum Platz und verlassen die Kirche als Letzte. Dann die Familien mit Kindern. Die kleinen werden von ihren Vätern und Müttern ab und zu hochgehoben, damit sie über die Köpfe der Leute blicken können. Es sind mehr Jugendliche da als an einem gewöhnlichen Sonntag. Alle bewegen sich frei im Kirchenraum, bleiben vor den Ikonen stehen, beten kurz, bekreuzigen sich und küssen die Heiligenbilder. Es ist ein dynamischer und lebendiger Anlass. Was für Aussenstehende nach einem willkürlichen Vorgang aussieht, geschieht nach einer geregelten Abfolge. Diese kennen Christianna und Georgia genau.

Im Gottesdienst am Karsamstag, dem Grossen Samstag, können sich die Gläubigen selbst in das liturgische Geschehen einbringen durch das Empfangen der heiligen Gaben Brot und Wein. Dies im Unterschied zum Karfreitag, dem Todestag Christi, an dem keine Liturgie und damit auch keine Eucharistie gefeiert wird. Die Eucharistie empfangen dürfen alle, die getauft worden sind. Denn die Myronsalbung, die vergleichbar ist mit der katholischen Firmung, wird unmittelbar nach der Taufe vollzogen und macht die Gesalbten zu vollberechtigten Kirchenmitgliedern. Viele der Jugendlichen kämen oft zur heiligen Kommunion, während des ganzen Kirchenjahrs, sagt der Pfarrer. Panagiota gesteht, dass sie dies meist nur an Ostern tut. Wenn sie dem Pfarrer dann gegenüberstehe und ihm ihre Hand entgegenstrecke, schäme sie sich jeweils ein bisschen, denn er wisse genau, dass sie schon lange nicht mehr am Gottesdienst teilgenommen habe. Er hat sie schliesslich getauft und kennt ihre Familie. Trotzdem, böse werde er deswegen nicht. In der Kirche ist man immer willkommen.

Um Mitternacht dann entzünden Geistliche und Gläubige ihre Kerzen. *Christos anesti, alithos anesti –* «Christus ist auferstanden, er ist wahrhaftig auferstanden», ertönt es in der Kirche, und das Licht wird weitergegeben. In Zürich erhellt das Licht die Kirche jedoch bereits eine Stunde früher, nämlich zur selben Zeit wie in Griechenland. So erinnern beim zwölften Glockenschlag nur noch die Schalen der rot gefärbten Eier und die Stümpfe der Kerzen auf dem Boden vor dem Kirchenportal an das Ritual. Die Uhren ticken an Ostern eben griechisch. Über das gemeinsame Essen danach mit der Familie oder im Gemeinschaftsraum der Kirche freuen sich alle. An Ostern fällt das Mahl besonders üppig aus, denn dann wird das Ende der Fastenzeit gefeiert.

Keine Mathematik

«Am 30. Juni unterrichte ich das letzte Mal», sagt Pfarrer Simandirakis. Jeden Mittwochnachmittag erteilt er an der Kantonsschule Oerlikon Unterricht. Es sei keine gewöhnliche Schule, so Simandirakis, es werde nur Griechisch, Religion, Geografie und Geschichte unterrichtet, keine Mathematik oder Algebra. Gegründet wurde die Schule vor vierzig Jahren. Seit damals haben etwa 950 Kinder und Jugendliche seinen Unterricht besucht. Die Erziehung sei sehr wichtig. Jedes Jahr ist die Anzahl der Schülerinnen und Schüler jedoch unterschiedlich. Man wisse nie, wie viele im nächsten Jahr kommen würden. Denn wie die Teilnahme am Gottesdienst, ist auch die Teilnahme am Unterricht, der in der Freizeit der Kinder und Jugendlichen stattfindet, freiwillig.

Vor dem Unterricht treffen sich alle: die Lehrer, die Eltern mit ihren Kindern und die Jugendlichen, die allein kommen. Gemeinsam wird ein Gebet gesprochen. Das Vaterunser auf Griechisch. «Ein wichtiges Ritual», betont der Pfarrer. Danach gehen die Schülerinnen und Schüler in die verschiedenen Klassenzimmer, nach Schulstufen eingeteilt. «Den Spruch» nennen Christianna und Georgia das Vaterunser – den deutschen

Ausdruck dafür kennen sie nicht. Sie sagen das Gebet leise für sich, auch im Alltag. Vor einer Prüfung zum Beispiel. Das gebe ihnen Kraft und Mut.

Die Jugendlichen zwischen 12 und 15 Jahren werden am Samstagmorgen von Vasilis unterrichtet. Er ist ein Lehrer aus Griechenland und lebt erst seit ein paar Jahren in der Schweiz. Er wird von der griechischen Regierung für seine Arbeit bezahlt. Die Atmosphäre in seiner Klasse ist familiär. Der Unterricht ist dem einer öffentlichen Schule ähnlich: Die jungen Griechinnen und Griechen sollen die griechische Sprache in Schrift und Ausdruck richtig erlernen.

Die Vermittlung der eigenen Tradition an eine Jugend, die als zweite Generation ganz im Ausland aufwächst, ist ein zentrales Anliegen vieler Eltern. Im Sommer reisen die meisten Jugendlichen in die Ferien nach Griechenland. Dort können sie den neugierigen Verwandten zeigen, dass sie die Sprachen beider Heimatländer beherrschen. Für Christianna und Georgia ist das kein Problem. Sie unterhalten sich auf Griechisch und wechseln bei Bedarf ins Schweizerdeutsche. Sie sind stolz auf ihr Leben in der Schweiz, ihre Herkunft und ihre Religion. Dies alles gibt ihnen eine Identität.

Kala pedia – «gute Menschen» – seien die jungen Griechinnen und Griechen. «Fast anständiger als in Griechenland», sagt Pfarrer Simandirakis mit einem Augenzwinkern. Besonders erfreut ist er, dass viele später in der griechisch-orthodoxen Kirche heiraten. Natürlich nicht nur griechisch-orthodoxe Partnerinnen und Partner. Häufig gebe es einen gemischten Gottesdienst. Man ist tolerant. Wichtig ist es, eine Familie zu gründen. Auch Panagiota möchte einmal heiraten und später ihre Kinder mit in die Kirche nehmen und sie in den griechischen Unterricht schicken. Durch die Sprache, die Kultur und den Glauben der Heimat Griechenland bleiben alle verbunden. Und die Kirche an der Rousseaustrasse ist der Schirm, der alles unter sich zu bergen vermag.

HARDLINE – EIN NICHT GANZ WELT- LICHES PHÄNOMEN ZWISCHEN FANATISMUS UND ASKESE *Roger Meier*

Lars ist Hardline-Straight-Edger. Oder einfach Hardliner – so die gängige Selbstbezeichnung innerhalb der Subkultur. «Den einzigen, wahren und richtigen Weg» verfolgt er konsequent und ohne Kompromisse. So gebietet es das Hardline Manifest, das inoffizielle Regelwerk der Bewegung. Von den ursprünglichen Idealen um Straight Edge hat man sich aufgrund diverser Radikalisierungstendenzen längst entfernt. «Wir Hardliner streben in unserem Leben danach, so nah wie möglich an den Gesetzen der Natur zu leben», erklärt Lars und verweist dabei auf das den Regeln zu Grunde liegende Postulat der Heiligkeit der Natur und allen Lebens. Gefordert wird neben sexueller Enthaltsamkeit in erster Linie der strikte Veganismus und die Abstinenz von jeglichen Drogen und Genussmitteln. Der Kampf der Frauen für die Gleichberechtigung ist ebenso zu unterstützen wie derjenige der indigenen Völker Amerikas. «Earth Liberation», Befreiung der Erde – so liesse sich das «bescheidene» Ziel der Subkultur im Jargon der Protagonisten wohl am treffendsten formulieren. Religion wollte Hardline eigentlich nie sein, trotz strengem Dogmatismus und der Vorstellung einer herzustellenden heiligen Ordnung; entstanden im religionskritischen Milieu der amerikanischen Hardcore/Punk Szene der 90er Jahre, ist Hardline schon eher Ideologie. Lars selber bevor-

zugt die Bezeichnung «Lebensphilosophie». «Eine Philosophie, die alle Aspekte der menschlichen Existenz und ihre Beziehung zur Welt um uns herum mit einbezieht», fügt er das Manifest zitierend hinzu.

Im Dienste Krishnas

Ende der 90er Jahre beschliesst Lars, vegan zu leben. Wenige Jahre danach schwört er den Drogen ab und bekennt sich schliesslich zu Hardline. Zu jener Zeit läuft auf Lars' Plattenspieler ununterbrochen die Scheibe «Firestorm» der Hardline Band Earth Crisis. Er erinnert sich: Die radikalen Texte hätten ihn zwar inspiriert, den Weg gewiesen aber habe ihm etwas anderes. «Ich tat den Schritt im Auftrag Krishnas», schwärmt er heute noch. Sein Leben vor Hardline betrachtet er im Nachhinein als grossen Fehler. Lars ist dankbar – dankbar, dass der hinduistische Gott mit der Flöte und der Pfauenfeder ihm «den Weg des Gerechten» gezeigt hat und ihn seither begleitet. Den hinduistischen Tempel der internationalen Gesellschaft für Krishna-Bewusstsein (ISKCON) auf dem Zürichberg besucht der Realschullehrer heute, so oft es seine Arbeit zulässt. Man kennt ihn bei den «Krishnas». Sein guter Freund Nitai-Gauracandra Prabhu lebte gar einige Jahre als Mönch im Tempel. Mit ihm unternahm er auch die Pilgerreise nach Indien. «Sie hat meinen Glauben gestärkt und gefestigt», berichtet der Indienfan. Oft sitzen die beiden Freunde zusammen und singen oder bringen Opfer dar: Bhakti Yoga – Ausdruck der Liebe zu Krishna, praktiziertes Gottesbewusstsein. Das war nicht immer so. In jungen Jahren war Lars der Religion abgewandt. Beinahe reumütig blickt er zurück: Die Fragen nach dem «Warum» hätten ihn zwar bereits früh gequält, die Antworten aber habe er lange «in materieller Wissenschaft» gesucht. Bis er erkannt habe, dass die existentiellen Fragen des Lebens ohne Religion und Spiritualität nicht zu beantworten seien. In den Schriften des Buddhismus sei er kaum fündig geworden. In der Bibel schon gar nicht. Anders aber im Shrimad Bhagavatam und in der Bhagavad Gita, den heiligen Schriften der Hare-Krishna-Tradition. Letztere hat der bekennende Bhakta (Anhänger Krishnas) auf der Strasse gefunden, das Korpus des Bhagavatams in einer Brockenstube. «Krishna hat es so gewollt», und zwar «auf meinen sehnlichsten Wunsch hin.» Seinen Glauben bezeichnet Lars rückblickend als «das Ende einer langen Reise, auf der man Wahrheit und Gnosis in den verschiedensten Ausdruckformen des Göttlichen sucht» – so die Worte Sean Muttaqis, des Begründers der Hardline-Bewegung. Dieser, unterdessen zum Islam konvertiert, hat als Kontinuum von Hardline vor einigen Jahren die radikalislamischen Gruppierungen Ahl il Allah und Taliyah al-Mahdi ins Leben gerufen. Lars selber identifiziert sich am stärksten mit dem Vishnuismus, dem Hinduismus vishnuitischer Prägung. In Ansätzen auch mit dem Islam. «Weil es viele Parallelen gibt.» Es bestünden zwar Unterschiede zwischen den Religionen, erklärt er, im Kern aber hätten sie alle dasselbe Ziel: «den Weg zu Gott zu finden und in ewiger Glückseligkeit zu leben». Und dieser Gott ist nach Lars für alle Menschen derselbe: «Gott, Allah, Krishna, … ist einer und überall.» Ein modernes und an und für sich äusserst tolerantes Gottesverständnis. Das Hardline-Manifest lässt Spielräume offen. Bewusst. Einer höheren Macht gelte es zu entsprechen. Für Lars ist diese Macht Krishna, die Erweiterung Vishnus. «Aspekte von Krishnas Präsenz können in allen Weltreligionen gefunden werden», sagt er überzeugt.

Der vegane Jihad

«Hare Krishna, Hare Krishna, Krishna Krishna, Hare Hare …», der grosse Gesang der Befreiung (Maha Mantra) nach Sri Chaitanya Mahaprabhu. Lars «chantet» ihn, so oft es geht. Allein oder mit Nitai, begleitet von den Klängen eines Harmoniums. Das Singen der Gottesnamen bringe ihn Krishna näher. Ebenso das

Opfern von Früchten und anderen Speisen auf dem hauseigenen Altar, vor dem Verzehr selbstverständlich. «Krishna nämlich ist der eigentliche Geniesser von allem», deutet mir Lars den Sinn karmafreien Essens. Es sei wichtig, zu verstehen, dass nicht der Körper unser eigentliches Wesen ist, sondern die Seele, gefangen im Leib sozusagen. Durch spirituellen Dienst und Hingabe strebt der Geweihte danach, vom Kreis der Wiedergeburten und von den Fesseln des Karmas befreit zu werden. Es gilt, die individuelle Seele (Jivatma), das wahre Selbst, wieder mit der Überseele (Paramatma), mit Krishna, zu vereinen, dessen Teil wir alle sind. Dabei verhalten sich Mensch und Gott wie die Finger zur Hand oder wie die Strahlen zur Sonne. «Die Überseele, Krishna, verweilt im Herzen jedes Lebewesens», so bringt Lars die Lehre Ramanujas auf den Punkt. Kompetent und exakt. In der Theologie des grossen Denkers der Bhakti Bewegung wird entfaltet, dass alles Leben heilig ist. «Alles Leben! Auch die Pflanzen», wie Lars ausdrücklich betont.

Den Weg der spirituellen Reinigung betitelt Lars in Ahnlehnung an die muslimische Tradition auch als veganen Jihad. Die eigens kreierten T-Shirts mit dem entsprechenden Aufdruck sind gelegentlich sogar auf Konzerten im Ausland zu sehen. «Der wahre Jihad bedeutet, einer höheren Macht zu antworten und die inneren satanischen Mächte loszuwerden», erläutert er das Konzept dieses «Jihad des Herzens». Zurück zu Gott kehre letztlich nur, wer reinen Herzens und reinen Geistes voranschreite. «Derjenige, der Hardline lebt.» «Durch die Abstinenz von Drogen, Alkohol und unmoralischen sexuellen Beziehungen sowie durch leidensfreie, vegane Ernährung und die bedingungslose Hingabe zu Krishna» lüfte sich der Schleier des Materiellen, fasst Lars unter Verweis auf das 16. Kapitel der Bhagavad Gita zusammen. Nur dadurch sei es möglich, den wahren Aspekt des Seins zu erkennen .

Rein äusserlich deckt sich Hardline im Grossen und Ganzen mit der Lehre der ISKCON. Lars' Nike Schuhe sind selbstverständlich lederfrei. «Fälschungen!» Auf die konventionelle Medizin greift er kaum zurück. Zu viele unschuldige Tiere seien in ihrem Namen in Versuchslabors umgebracht worden. Zum Frühstück geniesst der Rohköstler Fruchtsaft statt koffeinhaltigen Kaffee. «Bring back Prohibition», lautet die Forderung nach einem gesetzlichen Verbot von Alkohol und anderen legalen Drogen. Der Geschlechtsakt dient idealiter einzig der Fortpflanzung, Abtreibung und Euthanasie werden abgelehnt – «Pro-life»-Ethik, in Ahnlehnung an die fundamentalistisch-christlich geprägte Lebensrechtsbewegung. In den Augen der meisten Hardliner ist der Ruf nach Befreiung von allem Bösen wohl eine sehr diesseitige Forderung.

Vor dem Hintergrund von Lars' Interesse für Bhakti Yoga und Krishna-Bewusstsein allerdings wird er zum Ruf nach Erlösung, nach Moksha. Als «die ursprüngliche Art zu leben», «entsprungen aus der Wurzel der Schöpfung», bezeichnet Lars seinen Lebensstil auch. Hardline ist quasi die Essenz der Religion, «der wahre und richtige Weg» eben.

Heiliger Krieg gegen Babylon

«Entweder jemand wählt den Weg und ist Hardline, oder er geht ihn nicht und nennt sich nicht so. Dann aber ist er unweigerlich Teil der dämonischen Gesellschaft, die auf dem Prinzip von Gewalt und Ausbeu-tung basiert», erklärt Lars. Wer nicht wählt, hat sich bereits entschieden. Für den Weg der Anderen, den des Bösen, der Unwahrheit und der Ungerechtigkeit. «Einen Mittelweg gibt es nicht.» Der für Hardliner typische Elitarismus geht bei Lars mit einer Art Erwählungsbewusstsein einher. Die Tadellosen übernehmen nach ihm «die Rolle eines Sprachrohrs für die Unterdrückten». Vorerst mit Worten und Überzeugungskunst: «um zu erreichen, dass mehr Leute pur und rechtschaffen im Herzen werden.» In letzter Instanz aber mit physischer Gewalt. Diese sei gerechtfertigt, glaubt Lars, weil der Hardliner spirituell fortgeschritten und

mit göttlichen Eigenschaften gesegnet sei. «Die Intervention der Rechtschaffenen ist die Intervention des Absoluten», akzentuiert er die Nähe des Hardliners zu Gott.

Gekonnt zitiert Lars einige ausgewählte Stellen aus dem Koran und dem Shrimad Bhagavatam, die seine militante Einstellung rechtfertigen. Der heiklen Kontroverse um die Legitimität von Gewalt ist er sich sehr wohl bewusst. Dennoch zieht er seine harte Linie durch. Mehr oder weniger kompromisslos. Gegen die Angriffe aus dem Lager der eher gemässigten Straight Edger hat er sich zu wehren gelernt. Eigentlich aber ist es Lars ohnehin egal, was andere über ihn denken. Er habe genug geredet. Vergeblich! Jetzt zähle nur noch der «Jihad des Schwertes», schimpft er in einem seiner zahlreichen Blogs im Internet. Seine Homepage auf «Myspace» kann sich sehen lassen. Bilder von Kalaschnikow-Gewehren und islamistischen Gotteskriegern zieren die Seite. «Dios es Amor?» Hardline ist Heiliger Krieg! Zur Verteidigung von allem, was gut und reinen Herzens ist.

Lars selber würde in dieser Schlacht nach eigenen Aussagen für seine Überzeugungen in den Tod gehen. «Prepared to die for the truth.» Die Tätowierung auf seinem Handrücken spricht eine deutliche Sprache. Blutiger Ernst? Blosses Gerede? Die rhetorischen Fähigkeiten und der Wille des belesenen Pädagogen sind beeindruckend und beängstigend zugleich. «Die zum Satan degenerierte Menschheit gehört ausgelöscht», fordert er in einem Interview für ein Magazin. Ein Schläger aber scheint Lars nicht zu sein. Interessierten tritt er durchaus offen entgegen. Seine Weltsicht scheint differenzierter, als sein Auftreten erahnen lässt. So betrachtet Lars Homosexualität zwar als unnatürliche und dämonische Neigung, Gewalt gegen Schwule kommt für ihn aber nicht in Frage. Der primäre Feind des Hardliners ist ein anderer: XDestroy BabylonX. So nennt sich die Band, in der Lars die Bassseiten zupft. Die Musik ist aggressiv und metallisch, der Name Programm. Tod der Hure Babylon, der dekadenten, auf der Ausbeutung von Mensch, Tier und Natur gründenden modernen Welt und dem an Materialismus und Konsum orientierten Leben. Die Texte bewegen sich irgendwo zwischen jüdisch-christlichen Endzeitmotiven und militanter antiwestlicher Polemik, wie sie sonst eher vonseiten islamistischer Gotteskrieger bekannt ist. Und genau wie die Vorbilder bereitet man sich auf die letzte Schlacht vor – auch mit Schiessübungen und Kampfsporttraining. Wie weit die selbsternannten «Freedomfighters» in ihrem Streben nach Gerechtigkeit allerdings wirklich gehen würden, bleibt offen. Path of Resistance, Day of Suffering, New Winds, Nueva Etica oder Sunrise – sämtliche dieser Hardline-Bands unterstreichen jedenfalls, was sich Lars neben zwei gekreuzten Gewehren gut sichtbar auf den Bauch tätowiert hat: «Durch blutgetränkte Flüsse hin zu einem herrlichen, neuen Anfang».

«DIE LIEBE IST DER SCHLÜSSEL ZUM HIMMEL»

GEMEINSCHAFT ERFAHREN
AM WELTJUGENDTAG

Stefanie Keller

«Gott ist Liebe, Gott ist Geist, den die ganze Schöpfung preist, Vater, Sohn und Heiliger Geist, drei Personen und doch eins.» Mit diesem Lied wird im März 2007 der 22. Weltjugendtag in Zug offiziell eröffnet. Im Kirchenschiff der Pfarrei St. Michael stehen Judith und Martin. Zusammen mit anderen jungen Menschen aus der Region helfen sie im Organisationsteam mit und führen als Moderatorenpaar durch das Wochenende. Die 20-jährige Judith nimmt nicht zum ersten Mal an einem Weltjugendtag teil. In den vergangenen Jahren war sie bei den internationalen Treffen in Rom und Köln dabei, wo jeweils bis zu zwei Millionen Teilnehmer aus aller Welt zusammengekommen sind. Entstanden ist dieser katholische Anlass aus dem Anliegen einer kleinen Jugendgruppe, die sich regelmässig in Rom zum gegenseitigen Glaubensaustausch getroffen hat. Im Jahre 1986 führte Papst Johannes Paul II. schliesslich den ersten offiziellen Weltjugendtag ein. Seither findet alle zwei oder drei Jahre ein internationales Treffen in einer Weltmetropole statt. In den Zwischenjahren wird die Veranstaltung im kleineren Rahmen auf regionaler Ebene durchgeführt. In der Schweiz ist der Anlass seit 2003 fest etabliert, wobei sich separate Treffen für die Romandie, das Tessin und die Deutschschweiz durchgesetzt haben.

Gemeinschaft erfahren

«Das Besondere am Weltjugendtag sind die vielen Jugendlichen aus den verschiedensten Orten, die miteinander ihren Glauben feiern», sagt Judith. Die Gemeinschaft, die sie so erfährt, gibt der angehenden Lehrerin neuen Rückenwind für den nicht immer einfachen Alltag und spornt sie an, im Glauben weiterzugehen. «Der Glaube gibt meinem Leben einen Sinn», meint sie und beschreibt ihren Weg zum Glauben rückblickend als einen schrittweisen Prozess. In einem katholischen Elternhaus aufgewachsen, hat sie als 7-Jährige an einem Pfadfinderlager teilgenommen. Dieses hat ihr Leben entscheidend geprägt: Von da an engagierte sie sich bei verschiedenen katholischen Gruppen. Heute besucht Judith regelmässig die Heilige Messe und wenn möglich auch den Lobpreisabend in einer Jugendgebetsgruppe.

Auf einem anderen Weg ist Martin zum Glauben gekommen. Er wurde zwar auch katholisch erzogen, doch in seiner Schulzeit hat er sich vom Glauben abgewandt und ist in die Drogenszene gerutscht. Schlussendlich landete er mit einer Alkoholvergiftung im Spital. Sein Leben hing nur noch an einem seidenen Faden. Damals verstand er nicht, wie er diesen Absturz überhaupt überleben konnte. Durch dieses einschneidende Erlebnis kam er ins Nachdenken und fand so zu Gott. Seit dieser Umkehr setzt sich Martin in verschiedenen Projekten für die Kirche ein und möchte anderen Jugendlichen von Jesus erzählen. Die Gemeinschaft am Weltjugendtag gibt dem 21-jährigen Polygrafen Mut und Zuversicht: «Man erfährt dort, dass es noch andere junge Menschen gibt, die an Gott glauben und trotzdem ganz normal sind.»

In den Weltjugendtag eintauchen

Zum Deutschschweizer Weltjugendtag in Zug finden sich 600 Jugendliche aus vier verschiedenen Bistümern ein. Sie alle wollen ihren Glauben mit Gleichgesinnten teilen, sich austauschen und neue Kontakte knüpfen. Am Samstagnachmittag kommen sie mit Isomatten und Schlafsäcken beim Burgbachsaal an. Die Übernachtung wird in Turnhallen stattfinden. Für ausreichende Verpflegung hat das Organisationsteam gesorgt. Denn an diesem kühlen Märzwochenende sollen sich alle mit einer warmen Mahlzeit stärken können. Manche kommen allein, andere mit Freunden oder sogar mit einer organisierten Gruppe. Das Teilnehmerfeld von 16–35-Jährigen präsentiert sich als äusserst vielfältig. Auch junge Priester und Ordensschwestern haben sich angemeldet. Einige Jugendliche treffen Freunde von vergangenen Weltjugendtagen wieder, andere sind zum ersten Mal dabei und besonders neugierig, was sie an diesem Wochenende alles erwarten wird.

In der Kirche St. Michael erblickt man nun viele freudige Gesichter, die gespannt nach vorne schauen. Im Kirchenschiff werden zwei Glaubenszeugnisse angekündigt. Corina erzählt, wie sie im Firmlager ihr Leben Gott übergeben hat. Ihr Verhältnis zu ihm vergleicht sie mit einer Liebesbeziehung, in der sie permanentes Herzklopfen verspürt – nur mit dem einen Unterschied, dass sie nie Liebeskummer haben muss, da Gott ja immer bei ihr sei. Genauso offen beschreibt auch Alfred seine rastlose Suche nach dem Sinn des Lebens: Letztendlich habe ihn diese immer wieder zu Gott zurückgeführt. An den kommenden Ostertagen will sich der 24-Jährige taufen lassen. Seine Entscheidung unterstützt das Publikum mit einem tosenden Applaus. Am Abend findet man sich wiederum in der Kirche St. Michael ein, um gemeinsam die Vigil zu feiern. Moderatorin Judith erklärt: «Vigil bedeutet das Wachen in der Nacht, bei dem man Christus, den Bräutigam

der Kirche und Überbringer des Neuen Lebens, betend und singend erwartet.» Was das genau heisst, werden die Teilnehmenden in den folgenden zwei Stunden hautnah erleben. Zunächst werden überall Kerzen angezündet. Ein stimmungsvolles Lichtermeer entsteht. Nach zwei weiteren Glaubenszeugnissen zum Thema Liebe und einer anregenden Predigt durch Diakon Camenzind, findet die Vigil ihren Höhepunkt in der Prozession zur Kirche St. Oswald. «In dem Augenblick, als die Monstranz in die Kirche getragen wurde, habe ich gespürt, wie Gott mich liebt, und ich war mir gewiss, dass er mich nie allein lassen wird», beschreibt die 18-jährige Madlaina die dabei erlebten Glücksgefühle. Die Prozession durch die Altstadt wird von einer Gruppe Jugendlicher angeführt. Auf ihren Schultern tragen sie ein hölzernes Kreuz, das den Weltjugendtag von Anfang an als Symbol der Liebe Gottes begleitet hat. Die restlichen Teilnehmer schliessen sich dieser Gruppe an. In ihren Händen tragen sie alle eine brennende Kerze. Zusammen stimmen sie immer und immer wieder in dasselbe Lied ein: «Bless the lord, my soul, and bless God's holy name.» In der Kirche St. Oswald lädt Jugendbischof Theurillat zur Anbetung ein. Wer will, kann danach das Angebot zur Versöhnung mit Gott nutzen und von der Beichtgelegenheit Gebrauch machen: Indem man seine Fehler einem Priester anvertraut und bereut, erhält man die Vergebung von Gott. Priester und andere kirchliche Würdeträger sind für den Weltjugendtag unentbehrlich. Schliesslich wird er auch als ein Anlass verstanden, der die jungen Menschen mit ihren Seelsorgern, Bischöfen und dem Papst verbinden soll. Wie eng die Beichte mit den vorangehenden Teilen der Vigil zusammenhängt, ist dem angehenden Priester Andreas aufgefallen: «Die vielen beichtenden Jugendlichen machen grossen Eindruck. Kein Wunder, dass durch eine so reiche liturgische Feier viele dazu bewogen wurden, Mut zu fassen und in ihrem Leben einen Neuanfang zu wagen. Dank sei Gott!»

Wer es eher etwas lebendiger mag, begibt sich nun zu dem nahe gelegenen Burgbachsaal. Dort heizt zunächst der christliche Rapper Danny Fresh die Stimmung auf, um später der österreichischen Band Cardiac Move die Bühne zu überlassen. Dieselben jungen Menschen, die nur wenige Minuten zuvor andächtig in der Kirche gesessen und bei schummrigem Licht gebetet haben, tanzen nun hemmungslos. Gerade in diesem Nebeneinander von würdigem Gottesdienst und fröhlicher Ausgelassenheit entdeckt Vikar Lier eine besondere Stärke des Weltjugendtages: «Ich stelle fest, dass Jugendliche ebenso gern eine schöne Liturgie mit Weihrauch und Anbetung haben, daneben aber fröhlich klatschen und singen können.»

Am Sonntag Morgen findet dann ein grosser Gottesdienst statt. Jugendbischof Theurillat eröffnet den liturgischen Teil und fordert die Anwesenden auf, «in die Vertiefung der Liebe einzutreten». Dazu leiten Jugendliche aus dem Helferteam abwechslungsweise zum Singen, Beten und zu Lesungen aus der Bibel an. Schliesslich erzählt der Jugendbischof eine Parabel über eine zerbrechliche Blume und verbindet diese geschickt mit der Geschichte der Ehebrecherin aus dem Johannesevangelium. «Die Liebe Jesu überwindet alles und erlaubt, Verurteilung in Licht zu verwandeln», folgert Theurillat aus dieser Gegenüberstellung. Um zu zeigen, was dies für den einzelnen Christen heissen soll, fordert er die Anwesenden zu gegenseitigem Verzeihen, Vertrauen und Freude, zur christlichen Ehe und zur Nachfolge Christi auf. Über die Umsetzung dieser Werte sagt Franziska: «Meistens ist es schwierig, wenn der Alltag eintritt. Aber ich versuche, anderen davon zu erzählen und sie mit meiner Freude anzustecken, die ich hier erlebe.» Als krönender Gottesdienstabschluss werden nun in der Eucharistie die Gegenwart und die Gemeinschaft mit dem gekreuzigten und auferstandenen Christus gefeiert. In einer eindrücklichen Zeremonie wandeln sich Brot und Wein in Leib und Blut Christi, woran alle Anwesenden durch das Essen der Hostie teilhaben. Am Sonntagnachmittag können die jungen Teilnehmerinnen und Teilnehmer zwischen vier Kirchenvertretern auswählen, die sie im Glauben unterweisen. Der Glaube ist an die Tradition gebunden und soll nicht beliebig sein. «Die Katechese hat mich berührt, weil persönlich Erlebtes weitergegeben wurde», berichtet Gymnasiastin Susanne danach.

Bevor nun alle wieder in ihr gewohntes Umfeld zurückkehren, wird beim Abschlusslob in der Kirche St. Michael nochmals lautstark gesungen und innig gebetet. «Die Liebe ist die einzige Kraft, die imstande ist, die Welt zu wandeln. Gott ist die Liebe», ruft ein Jugendlicher aus dem Helferteam nochmals zusammenfassend in Erinnerung. Das päpstliche Ziel der Neuevangelisierung fand bei den Jugendlichen grossen Anklang. Einen wichtigen Beitrag dazu hat das Motto des Weltjugendtages geleistet.

Die Botschaft umsetzen

Jeder Weltjugendtag steht unter einem besonderen Motto. Ausgewählt wird es jeweils vom amtierenden Papst, der den Jugendlichen vor dem Treffen eine ausführliche Meditation zum Thema anbietet. Wer also möchte, kann sich bereits im Voraus auf den bevorstehenden Anlass einstimmen. Dem Papst gegenüber sind die jugendlichen Teilnehmer positiv eingestellt. Für die einen ist er eine wichtige Repräsentationsfigur, für andere ein weiser Mann oder sogar das Oberhaupt der Kirche. «Zum Glauben gehört die Kirche, und zur Kirche gehört der Papst», das ist für Sibylle klar.

Papst Benedikt XVI. hat das diesjährige Motto aus dem Johannesevangelium ausgewählt: «Wie ich euch geliebt habe, so sollt auch ihr einander lieben.» Für die Jugendlichen ist dieser Bibelvers alles andere als eine leere Worthülse. Es handelt sich ja schliesslich auch um das zentrale Gebot des Christentums. «Es ist so lebensnah und spricht uns direkt an. Es gibt uns einen Auftrag und fordert uns heraus», sagt Manuela und macht damit deutlich, dass sie sich unmittelbar aufgerufen fühlt. Auch für Judith nimmt dieser Vers eine zentrale Rolle ein. Sie hat sich dieses Motto nämlich zur Lebensaufgabe gemacht. So versucht sie, stets das Positive in ihren Mitmenschen zu sehen, und bemüht sich um wahre Nächstenliebe. Für Martin ist Jesus der Inbegriff der bedingungslosen Liebe: «Wenn wir untereinander auch so lieben würden, dann sähe unsere Welt wohl um einiges besser aus.» Auch für Andreas zählt nur die Liebe zu Gott und zu den Mitmenschen. Dabei betont er, dass man sogar seinen Feinden immer wieder neu, unvoreingenommen und wohlwollend begegnen soll. «Die Liebe ist das Einzige, das sich vermehrt, wenn man es verschenkt», davon ist er überzeugt.

So einfach und schön das Weltjugendtagsmotto auch klingen mag, die jungen Menschen sind sich durchaus bewusst, dass es mit der Umsetzung im Alltag oft anders aussieht. Dennoch hält Madlaina daran fest: «Es ist zwar unmöglich für uns zu lieben, wie Gott uns liebt. Trotzdem sollten wir jeden Tag versuchen, in der Liebe zu leben, damit wir ihm nachfolgen können. Denn die Liebe ist der Schlüssel zum Himmel!»

DIE REFORMIERTE UND *Michael Wiesmann*
DIE KATHOLISCHE KIRCHE IN DEN
AUGEN ZWEIER JUGENDLICHER

Ich kenne sie schon eine Weile, die beiden Jungs, mit denen ich am runden Tisch in meinem Jugendarbeiter-Büro gleich gegenüber der reformierten Kirche Zürich-Seebach sitze. Sie gehören zum harten Kern des Teams des hiesigen Jugendtreffs. Daneben engagiert sich der eine im CVJM-Chor Ten Sing, der andere in der Jungwacht. Dem gängigen Vorurteil allgemeinen Desinteresses entsprechen die zwei bestimmt nicht. Und bis vor einigen Minuten dachte ich noch, dass sie zu derjenigen Minderheit Jugendlicher gehören, die mit der Kirche etwas Positives in Verbindung bringen. Und vor allem auch etwas, was sie selbst angeht. Ihre direkten, unumwundenen Antworten erweisen jedoch all meine bisherigen Vorstellungen über sie als falsch – und berauben mich so meines Konzepts für unser Gespräch.

«Zur Kirche gehen» beim Wort genommen

«Eigentlich ist die Kirche kein Teil meines Lebens», meint der 17-jährige Cyril mit entwaffnender Ehrlichkeit. «Weisst du», ergänzt sein gleichaltriger Freund Michael, «im Jugendtreff arbeite ich mit, weil es da um Gemeinschaft geht.» «Und der Treff hat ja nicht wirklich etwas mit Kirche zu tun. Klar, irgendwie schon auch, aber eigentlich doch nicht ...» Cyril ringt um die treffenden Worte. Ich ahne die Frage, die sich hinter dieser kleinen Unsicherheit verbergen mag: Was genau ist eigentlich Kirche? «Wenn das Wort Kirche fällt, muss ich immer gleich an den Pfarrer denken», antwortet Michael auf meine Frage, was denn sein erster Gedanke im Zusammenhang mit Kirche sei. «Und an das Singen, an die Lieder», fällt Cyril ein. Viel mehr komme ihnen zur Kirche nicht in den Sinn. Ausser vielleicht noch die Bibel. Sie scheinen dabei von Dingen zu sprechen, die zu einer anderen Welt gehören und kaum eine Verbindung zu ihrem Alltag aufweisen. Ich denke kurz darüber nach, sie zu fragen, inwiefern die Gemeinschaft, die sie im Zusammenhang mit dem Jugendtreff erwähnt haben, vielleicht auch etwas mit Kirche zu tun haben könnte. Dann bemerke ich jedoch, dass ich damit in meine gewohnte Rolle gegenüber den beiden Jungs abzugleiten drohe: diejenige des kirchlichen Jugendarbeiters.

Als hätte er mein kurzes Zögern wahrgenommen und wollte den Religionspädagogen in mir beruhigen, erklärt Michael: «Klar, an Gott glaube ich schon. Die Kirche ist da für mich aber eher nebensächlich.» Sie gehörten schon irgendwie zu ihrer Kirchgemeinde. Sie seien ja schliesslich in die Gemeinde hinein getauft worden. Trotzdem empfänden sie eine gewisse Distanz. «Ich gehe eigentlich nie freiwillig zur Kirche am Sonntagmorgen», meint Cyril, «ausser vielleicht, wenn eine Konfirmation oder Firmung stattfindet und ein paar Freunde beteiligt sind. Oder wenn ich mit dem Jugendchor im Gottesdienst singen muss.» Michael geht es ähnlich. Anhand der Äusserungen der beiden Jugendlichen wird mir klar, wie wörtlich sie «zur Kirche gehen» offenkundig verstehen: Kirche ist, was am Sonntagmorgen im Gottesdienst geschieht. Und die Kirchgemeinde ist in ihren Augen die Gruppe von Menschen, die an diesem Geschehen teilnimmt. Ich frage mich, wie diese beiden jungen Männer zu einem derart engen Verständnis von Kirche gelangt sein mögen. Die Assoziation von Kirche und Gottesdienst ist zwar naheliegend – aber ist Kirche nicht mehr als eine wöchentliche rituelle Veranstaltung?

Die Kirche sieht es zu eng

Als wir uns im weiteren Verlauf des Gesprächs mehr der Institution Kirche im grösseren, allgemeineren Rahmen zuwenden, sehe ich mich mit einer ganzen Sammlung teils mehr, teils weniger zusammenhängender Meinungsstücke konfrontiert. Manches davon beruht sicherlich auf eigenen Erfahrungen der Jugendlichen, anderes dürften sie aus ihrem Umfeld übernommen haben.

Als katholischer Jugendlicher hat Michael bereits einige Erfahrungen mit den übergeordneten institutionellen Ebenen der kirchlichen Hierarchie gemacht: «Die katholische Kirche sieht alles ein wenig zu eng. Oder bin ich ein schlechterer Christ, wenn ich das Glaubensbekenntnis nicht auswendig weiss?» Er erzählt, dass er einen Test ablegen müsse, um sich firmen zu lassen. Die «von oben» angeordnete dogmatische Engführung bereitet ihm offenkundig Mühe. Auch dass der Bischof ohne ersichtlichen Grund das Datum ihrer Firmung vom Juni auf den November verschoben hat, empfindet er als willkürlich. Und überhaupt kann er der Hierarchie der katholischen Kirche wenig Gutes abgewinnen.

Cyril andererseits stutzt zunächst bei meiner Frage nach seinem Empfinden bezüglich der Institution Kirche: «Haben wir denn in der reformierten Kirche überhaupt noch etwas über dem Pfarrer?» Ihm fehlt in der Gemeinschaft der reformierten Kirchen eine Instanz, die sich mit dem römischen Lehramt in der katholischen Kirche vergleichen liesse. Entsprechend hat er sich bisher eher mit Stellungnahmen des Papstes auseinandergesetzt als mit den für ihn deutlich weniger greifbaren offiziellen Äusserungen der reformierten Kirche. Die Aussagen zu gesellschaftlichen Themen von katholischer Seite sind den beiden gleichermassen unver-

ständlich: «Wie kann sich die Kirche herausnehmen, einem Menschen sagen zu wollen, wen er lieben darf und wen nicht? Wie wenn man Liebe steuern könnte.» Cyril und Michael begrüssen es beide, dass wenigstens die reformierte Landeskirche dem Segenswunsch homosexueller Paare entspricht. Die Diskriminierung Homosexueller durch die katholische Kirche können sie hingegen nicht nachvollziehen. Auch in Bezug auf Verhütung, HIV-Prävention und Schwangerschaftsabbruch beurteilen sie deren Haltung als zu konservativ: «Würden sich die Leute tatsächlich an solch unsinnige Regeln wie das Kondom- und Verhütungsverbot halten, würden wir unweigerlich in eine Katastrophe steuern», protestiert Michael. «Alles soll so bleiben, wie es ist und schon immer war», erklärt Cyril seine Sicht der kirchlichen Politik. Aber die Welt verändere sich nun mal. Auch die Kirche könne das letztlich nicht aufhalten.

In ihrer Form erstarrt

In den Augen der beiden Jugendlichen findet die Unbeweglichkeit der Institution Kirche bezüglich gesellschaftspolitischer Fragen ihre Entsprechung in der Erstarrtheit kirchlicher Formen auf der Ebene der einzelnen Gemeinden. Und hier schwinden die Unterschiede in ihrer Wahrnehmung von reformierter und katholischer Kirche zusehends. «Es ist irgendwie immer dasselbe im Gottesdienst: Der Pfarrer erzählt etwas, dann wird gesungen, anschliessend erzählt er wieder etwas.» So gehe das hin und her, findet Cyril. Und ab und zu müsse man aufstehen, um sich dann kurz darauf wieder hinzusetzen. Michael ergänzt: «Das mit dem Hinknien bei uns Katholiken ist auch so ein Unding.»
Seine erste Erinnerung an einen Kirchenbesuch sei, dass er zusammen mit der Jungwacht in einem Gottesdienst singen musste. Der Pfarrer habe dann etwas erzählt, was sowieso keiner so genau verstanden habe: «Aber irgendwann merkt man dann schon, dass es irgendwie um Gott und die Menschheit geht.» Cyril erzählt, dass seine Eltern ihn als Kind ab und zu in den Gottesdienst mitgenommen hätten. Schlimm habe er dies nie gefunden, aber besonders spannend eben auch nicht. Die Sonntagsschule sei da schon besser gewesen, dort habe man wenigstens verständliche Geschichten erzählt bekommen. «Und es war nicht immer genau dasselbe. Nicht wie im Gottesdienst.»
Ein Mobiltelefon klingelt, Michael nimmt verlegen ab. Noch während er dem Anrufer klarzumachen versucht, dass dies kein günstiger Moment sei, klopft es an die Bürotür. Kurt, der Sigrist unserer Kirchgemeinde, streckt den Kopf herein und fragt, ob wir noch etwas für den Jugendtreff heute Abend brauchten. Kaum zwei Minuten später ist der Anrufer abgewimmelt und der Sigrist mit allen nötigen Informationen versorgt.
Nach diesem kurzen Intermezzo erzählt Michael seine Geschichte mit der Kirche, die sich etwas anders anhört als die von Cyril: «Eigentlich sind meine Eltern so gut wie nie mit mir zur Kirche gegangen. Vielleicht ein, zwei Mal kurz vor der Kommunion.» Seine Eltern stünden der Kirche nicht besonders nahe. Ihn habe dies aber nie gestört, im Gegenteil: Er sei froh, dass er die heilige Messe nicht zu oft besuchen musste. Es nimmet mich wunder, ob die beiden in ferner Zukunft mit ihren Kindern zur Kirche gehen würden. «Nicht unbedingt», findet Michael. Klar, er würde ihnen die Kirche schon zeigen, sie auch mal zur Sonntagsschule bringen. Und wenn sie dann unbedingt weiterhin gehen wollten, würde er das auch unterstützen. Cyril pflichtet ihm bei: Auch er werde es dann einmal seinen Kindern überlassen. Zum Gottesdienstbesuch zwingen werde er sie bestimmt nicht.

Was sich ändern müsste

Die Statements der beiden Jungs lassen bei mir den Eindruck aufkommen, dass in der Kirche dringender Handlungsbedarf besteht. Was aber ist zu tun? Was müsste nach Michael und Cyril geschehen, damit sie sich zur Kirche zugehörig fühlten? «Eigentlich müsste sich alles ändern, von A bis Z», stellt Michael fest. Wo genau anzusetzen wäre, wissen aber weder er noch Cyril. Grundsätzlich wäre es schon einmal positiv, wenn sich überhaupt etwas merklich ändern würde. Das sei ja das eigentliche Problem: Es bleibe immer alles beim Alten.

Worum es in der Kirche eigentlich geht, verstehen die beiden nicht. Zumindest habe man ihnen im Laufe des Unterrichts bis zur Konfirmation oder Firmung nie wirklich klar machen können, was denn der Zweck von Kirche sei. Traditionen seien ja schön und gut, aber was hätten diese mit ihrem Leben zu tun? Die Frage ist berechtigt. Offenbar erhofften sich die beiden von der Kirche, dass sie eine Brücke zwischen der Tradition und ihrer Lebenswelt schlage. Im Alltag dieser beiden Jugendlichen jedenfalls scheinen mir bereits viele Aspekte von Kirche stattzufinden: Gemeinschaft, Freundschaft und Nächstenliebe, Fragen nach den Zielen und dem richtigen Weg dorthin – das alles sind Dinge, die meines Erachtens zum Wesen von Kirche gehören.

«Die Kirche hat mein Leben nicht gerade verändert», findet Cyril, und ich verstehe ihn nur zu gut: Solange «Kirche» nur am Sonntagmorgen im Gottesdienst stattfindet und sich dabei nur zu oft formal selbst genügt, kann sie die jugendliche Alltagswelt schwerlich erreichen. Dietrich Bonhoeffers Postulat einer «Kirche für andere» scheint mir in Anbetracht der Distanz zwischen Kirche und Jugend aktueller denn je. Das Problem liegt jedoch vermutlich weniger darin, «für andere» da zu sein, als vielmehr, in diesem Dasein für die anderen bewusst «Kirche» zu sein. Vielleicht würden die beiden jungen Männer, die mit mir in meinem Büro sitzen, dann plötzlich feststellen, dass sie eigentlich schon längst ein wichtiger Teil der Kirche sind.

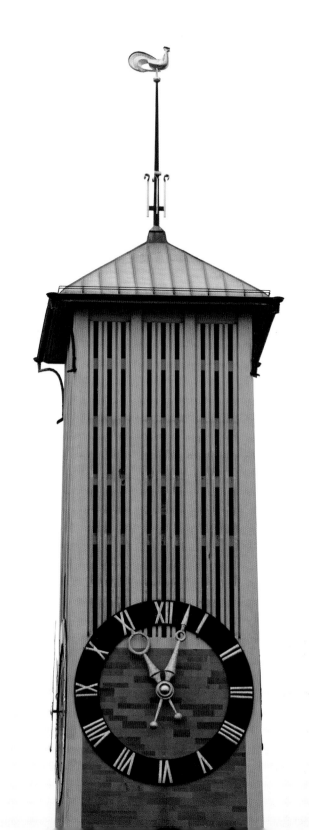

«VISUALISIERUNG DES INNEREN DÄMONS»

KLEIDUNG IM BLACK METAL ALS SPIEGEL EINER WELTSICHT

Anna-Katharina Höpflinger

«Black Metal passt sich nicht an!», hat Lotan per Email geschrieben. Ich stehe am Zürcher Hauptbahnhof und bin gespannt, welche Person zu dieser Aussage gehört. Als ich ihn sehe, weiss ich sofort, dass er es sein muss. Er passiert die Bahnhofshalle mit energischem Schritt. Ein grosser Mann mit langen Haaren. Das Schwarz seiner Kleider, die über den Hosen zugeschnürten Kampfstiefel und die Lederjacke lassen ihn noch imposanter erscheinen. Er bleibt mit einem Ruck vor mir stehen. Nur das silberne Pentagramm um seinen Hals ist noch immer in Bewegung. «Das Pentagramm ist ein Zeichen, das für mich eine grosse persönliche Bedeutung hat», erklärt er später. «Es ist meiner Meinung nach das Symbol, das den Black Metal am Besten repräsentiert. Das Pentagramm steht für etwas Dunkles, etwas Radikales. Etwas, das sich klar von den gängigen Normen, Regeln und Wertvorstellungen unterscheidet.»

Lotans Lederjacke wird von Nieten und Aufnähern geschmückt. Die Aufnäher bieten verschnörkelte, fast unleserliche Kalligraphie. Weiss auf schwarzem Hintergrund sind «Dark Funeral», «Atritas», «Tsjuder», «Mütiilation» und Ähnliches zu entziffern. Es sind Namen von Black Metal Gruppen, die Lotan besonders mag. Der junge Mann ist 20 Jahre alt. Seit einigen Jahren ist er in der Black Metal-Szene aktiv und spielt Schlagzeug in zwei Bands. Satanismus, Krieg, das Böse faszinieren ihn.

Binäres Denksystem

Ein Jugendzentrum irgendwo an der Peripherie. Die grossen Fensterscheiben sind schmutzig. Neben der Tür hängt ein zerrissener Basketballkorb. Lotan hat zu einem Konzert seiner Band geladen. In Grüppchen schwatzen junge Leute vor dem Eingang, rauchen und trinken Bier. Unter ihnen befinden sich auch Ghul und Alumbard. Alumbard ist 20 Jahre alt. Ein zurückhaltender junger Mann, der sich als «etwas paranoid» bezeichnet. Solche Ängste kennt Ghul nicht. Anders als Lotan und Alumbard, deren Pseudonyme in Wirklichkeit anders lauten, will der 19-jährige Student nicht, dass sein selbst gewählter Name anonymisiert wird: «Ich stehe zu meinen Aussagen.» Ghuls Pseudonym verweist auf einen Dämon aus dem persisch-arabischen Kulturraum. Der Name ist Programm: «Black Metal steht für das Negative und Extreme», erklärt Ghul. Und schon sind wir mitten im Thema: Black Metal. Eine intolerante Szene, hört man von Leuten, die nicht dazugehören. Gewalt verherrlichend und satanistisch. Ein Nährboden für Faschismus und andere menschenverachtende Ideologien. Solche Vorwürfe der Aussenwelt werden von Lotan, Alumbard und Ghul mit ironischem Lächeln aufgenommen. Unterstellungen dieser Art scheinen nicht unwillkommen zu sein. Im Gegenteil: Man inszeniert sich so, wie es von der Aussenwelt erwartet wird, und stellt sich als böse und extrem dar. Der Blick hinter die Kulissen zeigt aber ein anderes Bild. Zumindest die drei befragten jungen Männer sind interessierte und kommunikative Zeitgenossen. Fasziniert, aber dennoch zum Teil mit Distanz sprechen sie über ihre Szene.

Im Jugendzentrum hat unterdessen die erste Band zu spielen begonnen. Verzerrte Gitarren, schnelles hämmerndes Schlagzeug und kreischender Gesang dringen nach draussen. Der Black Metal ist in den 1980er Jahren entstanden und in den 1990er Jahren populär geworden. In der Schweiz ist die Black Metal-Szene klein und überschaubar. Die Leute, die darin verkehren, kennen sich. Sie treffen sich in Internetforen und vor allem bei Konzerten. Im Zentrum steht beim Black Metal eine besondere Art von Musik. Extrem soll sie sein. Gängige Regeln der Musikindustrie wie gute Aufnahmequalität und schöner Gesang sowie Harmoniebedürfnisse und Kommerzialisierung werden in Frage gestellt. Gepaart ist diese Musik mit einer eigenen «Ideologie», wie Ghul seine Weltsicht nennt. Alumbard doppelt nach: «Black Metal ist nicht nur Musik, sondern eine Lebenseinstellung.» Und zwar eine, die vielen Anhängern eine umfassende Orientierung bietet. In der Black Metal-Ideologie ist ein klares Gut-Böse-Schema zu finden: «Ich beurteile die Welt binär, 0 oder 1», erklärt Ghul. Die Wertung, die üblicherweise zu diesem Schema gehört, wird aber umgedreht. In Liedtexten und auf Bildern wird das Negative propagiert. Lotan bringt dies folgendermassen auf den Punkt: «Es ist nicht so, dass der Mensch keine positiven Emotionen hat oder zeigen kann. Sie sind aber für den Black Metal völlig irrelevant und finden auch textlich-philosophisch keine Verwendung.» Wie das Böse inhaltlich zu füllen sei, erläutert Ghul: «Was das Negative ist, ist natürlich Ansichtssache. Für mich sind es unbequeme, vernichtende Dinge. Solche, von denen man schaudernd den Blick abwendet. Zum Beispiel Gewalt, Mord, Krieg, Vergewaltigung, Tod, Krankheit.» Erklären kann sich Ghul seine Faszination für solche Dinge nicht: «Viele denken, dass man ein prägendes, schlimmes Erlebnis braucht, um so zu werden. Aber meine Kindheit und Jugend waren wirklich perfekt. Keine Ahnung, weshalb ich mich mit solchen düsteren und unbequemen Dingen auseinandersetze.» Nach einigen Ausführungen findet Ghul doch noch eine Antwort: Mit der Thematisierung solcher Grenzbereiche des menschlichen Lebens sollen gängige moralische Werte in Frage gestellt werden. «Die Moralkeule, wie sie von vielen geschwenkt wird, ist ein grosses Laster der heutigen Zeit. Die Normen, die von der Gesellschaft vorgegeben sind, werden im Black Metal durchbrochen», erklärt er. Die Black Metal-Szene will der Aussenwelt einen Spiegel vorhalten. Sie will provozieren, Unverständnis erregen, aufrütteln und sich gleichzeitig durch Selbstinszenierung von dieser Aussenwelt und zum Teil auch der eigenen Szene abgrenzen.

Mit Petruskreuzen gegen das Christentum

«Religionen sind für Schwache und Opfer! Eine Erfindung der Menschheit. Dogmen hindern Menschen an ihrer freien Entfaltung», wirft Ghul plakativ in den Raum. Trotz solcher Aussagen haben die drei jungen Männer keine Scheu davor, sich mit religiösen Symbolen zu schmücken. Überall sind Verweise auf religiöse Felder zu finden. Man trifft auf massenweise verkehrte Kreuze, auf den Kopf gestellte Pentagramme oder die als satanisch geltende Zahl 666. Musikgruppen nennen sich nach antiken mythologischen Wesen wie Marduk, Anubis, Kerberos oder Asag. Okkulte und esoterische Traditionen des späten 19. und frühen 20. Jahrhunderts finden in Bildern und Texten einen Widerhall. Auch einzelne biblische Motive werden aufgenommen und in einen neuen Kontext eingefügt. Christliche Symbole wie das Petruskreuz werden kurzerhand uminterpretiert; sie repräsentieren neu eine antireligiöse Einstellung. Das verkehrte Kreuz steht «für die Verspottung des Christentums, für eine antichristliche Einstellung», erklärt Ghul. Bereits diese kurze Auswahl an Beispielen zeigt, dass die Beziehung zwischen Black Metal und Religion keineswegs linear verläuft. Sie gleicht vielmehr einem verworrenen Netz. Einerseits grenzen sich die jungen Männer allgemein von Religionen ab. Andererseits sind sie fasziniert von antiken Mythologien und von dem, was

sie «die finstere Seite» des Religiösen nennen. Alumbard, Ghul und Lotan kennen sich in verschiedenen Religionen erstaunlich gut aus. Auch im Christentum. Die Verachtung scheint hier nahtlos in eine Faszination überzugehen.

Individualisten in Uniform

Vor dem Jugendzentrum haben sich unterdessen weitere junge Leute versammelt. Sie bilden eine homogene Schar in Schwarz. Band-Shirts, Lederjacken, Kampfstiefel, Patronengurt, lange Haare. Mit einem Augenzwinkern bemerkt Ghul: «Ist es nicht paradox? Individualismus wird gross geschrieben, und trotzdem laufen alle in der gleichen Uniform rum.» Alumbard, auch er in derselben Art von Kleidung, verteidigt den Dresscode: «Es ist ein vieldiskutiertes Thema, ob man sich dem Uniformierungszwang im Black Metal beugen soll oder nicht. Ich für meinen Teil habe keine Probleme damit.» Die Bedeutung der Kleidung darf für die Kultur des Black Metal nicht unterschätzt werden. Sie macht einen Anhänger äusserlich zu einem Teil seiner Subkultur und grenzt ihn von der restlichen Welt ab. Identifikation und Abgrenzung sind hier die Schlagworte. Die Abgrenzung funktioniert vor allem über Provokation. Die Band-Shirts sind oft geradezu überladen mit kriegerischen und antichristlichen Symbolen. Die Umwelt soll mit Unverständnis auf solche Kleidung reagieren. «Es ist meistens so, dass man in Ruhe gelassen wird, wenn man mit einem Patronengurt im Zug sitzt. Das ist praktisch», erklärt mir Alumbard. Also Abgrenzung auch als Selbstschutz?

Wichtiger als der Aspekt der Abgrenzung ist aber die Identifikation mit der eigenen Szene. Kleidung wird hier zu einem Steckbrief des Trägers. Zu einem wichtigen Erkennungsmerkmal in der Szene. Die Kleider sagen etwas aus über die Musikvorlieben einer Person, über ihre Weltsicht und ihren Status im Black Metal. Sie zeigen, ob die Person dazugehört oder nicht. Ein besonders wichtiges Element der Black Metal-Kleidung bilden T-Shirts mit dem Aufdruck einer Musikgruppe. Sie zeigen nicht nur, wer welche Band hört, sondern auch mit welcher Ideologie sich der Träger identifiziert. «Ich kaufe Shirts von Bands, die mir persönlich etwas bedeuten. Die Musik dieser Band muss mir zusagen, aber auch die Einstellung», erklärt Ghul. Lotan sieht das ähnlich: «Ich wähle in Sachen Shirts das aus, was mir gefällt, womit ich mich identifizieren kann und was in meinen Augen Unterstützung verdient.» Alle drei jungen Männer betonen, dass sie diese Art von Kleidung fast immer tragen. Die Kleidung ist eben nicht nur Kleidung, sondern ein Teil ihrer Weltsicht. «Ich trage diese Kleidung durchgehend. Auch im Alltag. Bis auf gewisse Elemente wie zum Beispiel den Patronengurt. An der Uni würde dieser zu überflüssigen Diskussionen führen. Ich habe keine Lust, dauernd meine Einstellung erklären zu müssen. Und an der Beerdigung der Grossmutter ist es auch etwas unangebracht, mit einem ‹Fuck Me Jesus›-Shirt aufzumarschieren. Generell aber gilt: Black Metal passt sich nicht an, nicht an die Umgebung, nicht an die herrschenden Vorstellungen, nicht an die gegebenen Regeln und normalen Werte», erklärt Lotan. «Man drückt durch die Kleidung eine Abneigung gegenüber der Gesellschaft aus», ist auch Alumbards Ansicht; er relativiert aber: «Es gibt Momente, in denen man aus Respekt vor gewissen Dingen oder Personen die Kleidung ablegt und normal daherkommt. Dies ist aber generell selten.» Welche Dinge oder Personen solch einen Wandel auslösen, lässt er offen. Interessant ist aber die Wortwahl der beiden jungen Männer: Als normal wird das Feindbild, die «Gesellschaft», bezeichnet. Alumbard und Lotan wollen anders sein. Sie wollen sich abheben. Mit der Kleidung und der Weltsicht. Ob ihnen das gelingt, ist eine andere Frage.

Auf dem Catwalk

«Corpsepaint steht für die dunkle, die tierische Seite eines Menschen, für seinen inneren Dämon. Diese negativen Emotionen werden durch das Corpsepaint zwar nicht verstärkt, aber für alle sichtbar gemacht», erklärt Lotan. Sorgfältig malt er dabei schwarze Muster auf sein Gesicht. Er sitzt auf einer Parkbank mitten in einer Neuüberbauung in Zürich. Zwischen Hochhäusern mit sauber glänzenden Glasfassaden und neu gepflanzten Bäumen in Reih und Glied. Alumbard hat den Ort ausgesucht. Es sei mal etwas anderes, meint er. Er spielt damit auf die Tradition von Black Metal-Musikgruppen an, Fotos im Wald zu machen. Oder auf einsamen Schneefeldern. Alumbard grinst, wodurch sich sein bemaltes Gesicht zu einer grotesken Grimasse verzerrt. Corpsepaint ist eine besondere Schminkart, die eng mit der Black Metal-Kultur verbunden ist. Weisses Gesicht, schwarze Muster darauf. Dämonisch soll es aussehen. Lotan und Alumbard posieren so für die Fotos. Auch wenn sie es nicht zugeben, inszenieren sich die beiden jungen Männer gerne. Eine Gruppe Jugendlicher mit Skateboards schaut dem Schauspiel ein paar Minuten lang zu. Sie reissen einige Witze und gehen dann ihrer Wege. Andere Passanten heben nicht mal die Augen. In Zürich ist man eben vieles gewohnt. Oder ist die Black Metal-Kleidung trotz allem doch zu angepasst?

«DA WAR ICH JESUS GANZ NAHE»

ANITAS TAUFE IN DER CHRISCHONA-GEMEINDE *Jürg Hauswirth*

Die Bekehrung

«Bei der Taufe von Erwachsenen, die ihren Glauben an Christus bezeugen, liegt der Akzent sowohl auf dem durch Jesus Christus vollbrachten Werk, der allein uns reinigt und Gott übereignet, als auch auf dem Bekenntnis des Täuflings zur Herrschaft Gottes als Zeugnis der Übereignung an Jesus Christus. Die Taufe soll in Gegenwart der Gemeinde geschehen, zu der der Täufling verbindlich gehört.» (Leitlinien zur Taufpraxis in den Chrischona-Gemeinden)

Vor acht Monaten hat sich Anita zu Jesus Christus bekehrt; seither legt sie Wert darauf, nicht zu den «Buchstabenchristen» gezählt zu werden. Wohl war sie durch ihre Eltern schon seit ihrer Kindheit heimisch in der örtlichen Chrischona-Gemeinde, besuchte die Sonntagsschule und später die Gottesdienste. Sie engagierte sich auch in der Gemeinde, war Leiterin in der Jungschar. Doch lange Zeit konnte sie nur wenig mit der Weltanschauung anfangen, die in dieser Freikirche vertreten wird. Dazu kamen ihr im Lauf der Pubertät manche Zweifel an sich selbst und an ihrem Umfeld. Im Alter von 14 Jahren entwickelte sie eine Magersucht, zwischendurch haderte sie sogar mit dem Leben. Eines Tages fasste sie jedoch Mut und vertraute ihre Sorgen Thomas an, dem 22-jährigen Jugendpastor der Gemeinde. Er steht noch mitten in der berufsbegleitenden Ausbildung an einer freikirchlich orientierten Predigerschule und ist von der Gemeinde zu 50 % als seelsorgerlicher Mitarbeiter mit Schwerpunkt Jugendarbeit angestellt. Dass die Jugendlichen zu ihm Vertrauen haben können, kam in dieser Situation auch Anita gelegen. Nachdem sie ihm ihr Herz ausgeschüttet hatte, legte er ihr dar, dass Jesus sie so akzeptiere, wie sie ist. Dass sie nicht perfekt sein müsse, weil sie das sowieso nicht sein kann. Und dass Jesus am Kreuz auch ihre Sünden und Fehler getragen und vor Gott gesühnt habe. Eigentlich ist das nichts anderes, als was an den meisten Veranstaltungen der Gemeinde immer wieder gesagt wird. Doch in diesem Einzelgespräch wurde Anita auf einmal klar, was es für ihr Leben bedeutet. Noch heute ist sie ganz begeistert, wenn sie davon erzählt. «Plötzlich spürte ich eine ungeheuer grosse Dankbarkeit.» Dieses Erlebnis bewog Anita dazu, ihren Wunsch nach einer Taufe vor den Ältestenrat der Gemeinde zu bringen.

Welche Taufe ist gültig?
«Eine Wiederholung der Taufe kennt die Bibel nicht. Wiederholung der Taufhandlung ist nur möglich, wenn nach sorgfältiger Prüfung die bereits vollzogene Taufhandlung nicht als wirklich christliche Taufe anerkannt werden kann.» (Leitlinien zur Taufpraxis in den Chrischona-Gemeinden)

Als Anita geboren wurde, gehörten ihre Eltern der römisch-katholischen Kirche an, waren aber nicht besonders religiös. Anita wurde traditionsgemäss kurz nach der Geburt von einem Priester getauft. Trotzdem hatte sie nie einen bewussten Kontakt mit dieser Kirche, denn ihre Eltern wandten sich kurze Zeit später aus persönlichen Gründen der Chrischona-Gemeinde zu. Fortan besuchte die Familie die Veranstaltungen der Chrischona-Gemeinde, ohne jemals formell aus der römisch-katholischen Landeskirche auszutreten. Nach freikirchlicher Auffassung spielt das keine Rolle: «Das Seelenheil hängt nicht von der Zugehörigkeit zu einer Institution ab.» Die Chrischona anerkennt hingegen die Einmaligkeit der Taufe und die Gültigkeit eines christlichen Taufaktes. Mit Anitas Bekehrung und Taufwunsch ergab sich von daher ein gewisses Problem, war sie doch schon als Kind getauft worden.
Die Chrischona löst den drohenden Konflikt durch eine Engführung des Begriffs «christlich». Vorbehaltlos verdienen diese Bezeichnung nach der Chrischona lediglich die in der Evangelischen Allianz vereinten Gemeinden, zu der frei- und landeskirchliche Vereinigungen mit ausdrücklich protestantisch-evangelikaler Ausrichtung gehören. Von der römisch-katholischen Kirche hingegen distanziert man sich entschieden. Die Ablehnung geht so weit, dass gemeinsame Gottesdienste generell als undurchführbar gelten – unabhängig von der Abendmahlsfrage. Dementsprechend haben viele geistliche Leiter der Chrischona keine grossen Hemmungen, eine römisch-katholische Taufe als «unchristlich» zu erklären. Der Ältestenrat der Gemeinde, dem die Lebensgeschichte Anitas und ihrer Eltern bestens vertraut ist, stimmte Anitas Taufe jedenfalls nach kurzer Beratung zu.

Ein besonderer Ort und eine besondere Zeit
«Die Taufe ist ein Zeichen, wie es der Ehering für die Ehe ist. Ehering wie Taufe sind Zeichen dafür: Ich stehe zum Bund, den ich eingehe. Das Zeichen ist ein öffentliches Zeugnis. Gott wirbt um dich und will deine Entscheidung. Wenn du diesen Schritt auf Gott zugehst, dann mach es öffentlich vor Zeugen.» (Aus der Taufpredigt)

Die spezielle Bedeutung der Taufe im freikirchlichen Verständnis hat dazu geführt, dass viele Gemeinschaften die Erwachsenentaufe in einen speziellen Rahmen stellen. Gerne führt man sie an einem See,

Weiher oder Fluss durch und hat so ein natürliches Taufbecken zur Verfügung. In Anitas Gemeinde befindet sich jedoch kein geeignetes Gewässer, und so bettet man die Taufe in den jährlich stattfindenden Freiluftgottesdienst auf dem Bergbauernhof der Familie Meier ein. Die Grosseltern Meier hielten der örtlichen Chrischona schon die Treue, als diese nicht mehr als ein knappes Dutzend Gemeindeglieder umfasste. Sie erlebten den fulminanten Aufschwung der Gemeinde durch Zuzüger und Nachwuchs hautnah mit, und seit Jahrzehnten stellen sie ihren Hof für den spätsommerlichen Gottesdienst in freier Natur zur Verfügung.

Es ist ein wolkenloser Spätsommermorgen, die Gottesdienstbesucher treffen nach und nach ein. Die meisten sind motorisiert, wer kein Auto hat, spricht sich mit Bekannten ab. Die Schlange der abgestellten Autos auf der schmalen Bergstrasse wird zusehens länger; zwei Kinder helfen beim Einweisen. Ein auswärts abgehaltener Gottesdienst erfordert auch sonst viel Organisationsarbeit: Blumen, Lautsprecher, Sitzgelegenheiten und vieles mehr muss herangeschafft und aufgestellt werden. Die Gemeinde verfügt über ein dichtes Netzwerk an Handwerkern, so dass man praktisch alles kostenlos ausleihen und transportieren kann. Für die meisten Mitglieder der Gemeinschaft ist es selbstverständlich, ihre Dienste anzubieten und selbst Hand anzulegen. Da auf Meiers Hof kein natürliches Gewässer zur Verfügung steht, dient eine rund anderthalb Meter grosse, oben offene Öltankwanne als Taufbecken. Sie ist prächtig mit Blumen verziert, und man erahnt ihren eigentlichen Zweck nur noch, wenn man sie schon vorher gesehen hat. Für die «Zweckentfremdung» ist sie aber geradezu ideal: Der Täufling vermag darin ganz unterzutauchen, und der Prediger kann daneben im Trockenen stehen.

Anita ist mit ihren Eltern, den Paten und einigen Verwandten schon eine gute Stunde vor Beginn des Gottesdienstes auf dem Bauernhof. Sie freut sich: «Nun kann ich endlich meinen Glauben vor Gott und den Menschen bezeugen. Das ist das grösste Geschenk, das ich je erfahren durfte.» Für eine Viertelstunde zieht sie sich mit den anderen Täuflingen und dem Prediger in die Bauernstube zurück, um zu beten. Gemäss der freikirchlichen Tradition sind die Gebete nicht vorformuliert, sondern werden anhand von Konventionen oder vorgegebenen Themen frei improvisiert und in Mundart gut hörbar gesprochen. Betet man in der Gruppe, so spricht jeweils eine Person, und die anderen beten still mit. Hin und wieder haucht jemand ein knapp hörbares «Ja!» zur Bestätigung des soeben Gehörten.

Der Taufgottesdienst

«Ja hèrr Jesus Christus, und ich wett dir jetzt äifach tanke säge defür, dass du dich mier zäiget häsch. Es isch äifach u kuul, hèrr, dass es dich git, und dass ich so zu dir cha cho wien ich bi. Für dini unäntlichi liebi wett ich dich äifach looben und priise, hèrr. Ja, und ich find s u mega, dass jetzt au di andere, de Thöme und de Kevin, de Dominik, de Beat und d Tabea, aber psunders au d Jessica hüt chönd zu dir cho und de glaube vor diir bezüüge. Und ich möcht di äifach au bitte, hèrr Jesus, dass du oise glaube schtärchsch und s füür für dich i oisne hèèrze bräne laasch. Ja hèrr, ich tanke dir für dini liebi und güeti, Amen.» (Anitas Gebet)

Anita merkt gar nicht, wie schnell die Zeit vergeht. Schon beginnt, pünktlich um 10 Uhr, der Gottesdienst. Nach der Begrüssung durch ein Mitglied des Ältestenrates spielt die Musikband zwei Lobpreislieder im Country-Stil – nicht ganz unpassend angesichts der nebenan friedlich weidenden Kühe mit ihren bimmelnden Glocken. Es folgen die Mitteilungen über die Gemeindeaktivitäten in der kommenden Woche. Den meisten Teilnehmern sind die nächsten drei Lieder bekannt, und man singt kräftig mit. Auf Einladung eines Bandmitglieds erhebt sich die Gemeinde dazu von den Klappstühlen. Anschliessend spricht der Prediger während einer guten halben Stunde über einen Bibelvers aus dem Römerbrief, der eine zentrale Aussage zur Taufe enthält. Anita ist so aufgeregt, dass sie gar nichts mehr richtig wahrnehmen kann – die Liedtexte kennt sie wie die meisten anderen Anwesenden auswendig und kann sie gleichsam automatisch mitsingen. Nun beginnt der Taufteil des Gottesdienstes. Anita und die anderen sechs Täuflinge werden gebeten, nach vorne zu kommen. Drei Mitglieder des Ältestenrates sind auch da; jeder spricht ein Gebet für sie. Der Prediger schliesst diese Reihe mit einem eigenen Gebet ab und leitet zum Taufakt über. Die Täuflinge begeben sich jeweils einzeln und mit den Kleidern in die Wanne, in der sie ungefähr bis zur Brust im Wasser stehen. Manu und Lydia, knapp 30-jährig und stark in der Gemeindearbeit engagiert, helfen ihnen beim Ein- und Aussteigen über die wackelige Bockleiter. Grossmutter Meier hatte schon seit Tagesanbruch im alten Waschküchenbottich kräftig Wasser gekocht und so das fünf Grad kalte Quellwasser auf immerhin 16 Grad erwärmen können.

Die folgenden Minuten erlebt Anita wie in Trance. Für den Taufakt kommt sie erst als Zweitletzte dran. Jetzt erlebt sie am eigenen Leib, was sie vorher bei den anderen fünf nur gesehen hat. Manu und Lydia sind auch ihr beim Klettern behilflich. Eigentlich wäre ein Badeanzug ja bequemer als die Shorts und die Bluse. Aber der Prediger sagte, trotz der warmen Temperaturen komme man nicht zum Baden, sondern zum Taufen, und da gehöre sich eine entsprechende Kleidung. Obwohl Anita bei weniger als 25° ungern ins Wasser geht, spürt sie von der recht niedrigen Temperatur nicht viel. Kaum hat sie in der Wanne festen Boden unter den Füssen gefunden, spricht der Prediger auch schon die Taufformel.

Die Taufe

«De Poulus seyt im Römerbrief 6,4: Wir wurden mit ihm begraben durch die Taufe auf den Tod; und wie Christus durch die Herrlichkeit des Vaters von den Toten auferweckt wurde, so sollen auch wir als neue Menschen leben. Anita, i toufe di im name vo Gott em vatter, wo die gmacht het, im name vo Jesus Chrischtus, wo für di gschtorben isch, und im name vom heylige geyscht, wo dir d erkenntnis git.» (Taufspruch des Predigers)

Der Prediger steht neben der Wanne und hält seine Rechte auf Anitas Schulter. Gleich nach dem Zuspruch gibt er Anita mit einem leichten Druck auf die Schulter zu erkennen, dass sie jetzt tauchen muss. Sie holt tief Luft und geht in die Knie, so dass ihr Kopf unter der Wasseroberfläche verschwindet. «Die folgenden zwei Sekunden kamen mir erst unheimlich lang vor, doch dann dachte ich an Jesus und dass ich ihm jetzt ganz nahe bin. Und plötzlich war der Druck dieser Hand weg, und ich konnte wieder auftauchen und nach Luft schnappen.» Noch ganz benommen, ist sie froh um die erneute Mithilfe der beiden Glaubensschwestern beim Aussteigen aus der Wanne. Sie legen ihr ein warmes Frottétuch um, und Frau Meier begleitet sie in die Stube, wo bereits die trockenen Ersatzkleider bereitliegen.

Besonders fasziniert ist Anita von der symbolischen Vorstellung, dass ihr altes Ich in der Taufe gleichsam ertränkt wurde und sie von Jesus ein neues, ewiges Leben empfangen durfte. Den genauen Wortlaut des persönlichen Zuspruchs weiss Anita nicht mehr. Zusammen mit den Fotos, der Urkunde und den Eindrücken hat sie jedoch eine bleibende Erinnerung an dieses besondere Ereignis in ihrer religiösen Biografie. Nun hat sie Gott, der Gemeinde und sich selbst gezeigt, dass sie keine Buchstabenchristin mehr ist. Wenn ihr das Christsein im Alltag dann und wann Mühe bereitet, denkt sie wieder daran und schöpft neuen Mut.

IM SPIEL HAT DAS REALE LEBEN KEINE GROSSE BEDEUTUNG

ÜBER DIE KOMMUNIKATION IN ONLINE-WELTEN

Fabian Perlini

Der grässliche Troll gibt ein letztes verzweifeltes Grunzen von sich und fällt vornüber in den Schnee. Die Jägerin Hanna blickt hektisch um sich. Erst als sie sicher ist, dass keine weiteren Monster auf sie zustürmen, senkt sie ihren Bogen. Der Weg in die sagenumwobene Stadt der Zwerge ist voller Gefahren und überall lauern Monster. Doch sie ist nicht allein, denn mit ihr reisen viele andere tapfere Helden – solche und ähnliche Szenen erleben Tausende von Jugendlichen jeden Abend vor dem Computer. In Online-Rollenspielen schlüpfen sie in die Gestalt von Helden, die sich grossen Gefahren stellen, dafür Ruhm ernten und an Erfahrung gewinnen. Auch Michael (21), Sebastian (18) und Roger (20) halten sich seit zwei Jahren praktisch täglich in der phantastischen Welt von *Warcraft* auf.

Die Welt der Online-Rollenspiele

Das Ziel von Computer-Rollenspielen ist es, Missionen zu erfüllen und Monster zu bekämpfen. Dafür erhält man Punkte, die dafür verwendet werden, neue Fähigkeiten zu erlernen oder bestehende zu verbessern. Dadurch wird die Spielfigur, der Avatar, immer besser und kann schwerere Missionen erfüllen und gefährlichere Monster töten. Bei gewöhnlichen Rollenspielen werden alle anderen Figuren und Gegner vom Computer gesteuert. *World of Warcraft* der Firma *Blizzard Entertainment* hingegen ist ein sogenanntes *Massively Multiplayer Online Role-Playing Game*. Über das Internet treffen sich Tausende von Spielern aus allen Ländern in derselben virtuellen Welt.

Multiplayer-Spiele gibt es schon lange. Aber erst seit Ende der 90er Jahre haben Online-Rollenspiele die heutige Form. Kennzeichnend für diese sind neben der grossen Anzahl von Spielern die vielen Möglichkeiten, sich mit anderen Spielern auszutauschen, die ansprechende dreidimensionale Grafik und natürlich die dauerhaft bestehende Spielwelt. Jederzeit kann man sich einloggen, eine kleinere oder grössere Herausforderung annehmen oder sich einfach mit anderen Spielern unterhalten. «Mehr als ein Spiel. Eine eigene Welt», heisst es in der Werbung zu *World of Warcraft*, dem mit Abstand erfolgreichsten Online-Spiel aller Zeiten, das bis heute von über acht Millionen Spielern gespielt wurde und wird.

Doch *World of Warcraft* ist keineswegs das einzige weit verbreitete Online-Rollenspiel: Neben ihm gibt es noch viele andere mit Titeln wie *EverQuest*, *Guild Wars*, *Star Wars Galaxies* und seit einiger Zeit nun auch *Herr der Ringe Online*.

Vor eineinhalb Jahren hat Michael die «Eidgenossen» gegründet: eine Gilde von Schweizer *World of Warcraft*-Spielern, der rund 70 aktive Spieler aus der ganzen Deutschschweiz angehören. Zur Unterstützung dieser Gilde hat Michael ein Internet-Forum eingerichtet. Auf dieser Plattform werden technische Probleme diskutiert, Strategien und Taktiken ausgetauscht, oder man hat einfach nur Spass zusammen.

Werden solche Spiele in den Medien behandelt, dann meist mit Bezug auf die Suchtgefahr oder das Gewaltpotenzial. «Online-Rollenspiele haben ganz klar einen Suchtfaktor, aber genau wie bei Tabak und anderen Genussmitteln gibt es Leute, die dafür weniger oder stärker anfällig sind», meint Roger dazu. Er selbst sagt von sich: «Es kann durchaus sein, dass ich von der Schule nach Hause komme, etwas esse und dann, bis ich ins Bett gehe, am Computer sitze.» Das erschrecke ihn nicht, denn früher habe er stattdessen einfach andere Spiele gespielt, gelesen oder Fernsehen geschaut. «Allzu oft versuchen aber verkrachte Existenzen, die Schuld ihres gesamten Lebens auf *World of Warcraft* abzuschieben. Solchen Leuten haben wir die vielen hirnrissigen Fernsehreportagen zu verdanken», ärgert er sich. Auf die Frage, ob das Spiel denn gewaltverherrlichend sei, antwortet er entschieden mit Nein. «Klar, man tötet Unmengen von Getier und Menschen, aber dies wird wesentlich weniger brutal dargestellt als in sogenannten Killerspielen.» Und Michael betont: «Besonders die grösseren Missionen sind nicht etwa ein sinnloses Gemetzel, sondern sie erfordern enormes Teamplay.»

Auch wenn man die Spieler danach fragt, was ihnen denn am Spiel am wichtigsten sei, stösst man unweigerlich auf den Aspekt des Sozialen: Der Kontakt zu Freunden ist für Roger der Hauptgrund fürs Spielen. Seit er *World of Warcraft* kennt, habe er einen engeren Kontakt zu seinen Kollegen. «Die Online-Welten helfen mir, meine alten Schulkameraden, die ich vielleicht schon längst aus dem Blickfeld verloren hätte, zu treffen, mit ihnen zu reden und zu spielen.» Sebastian meint: «Wäre *World of Warcraft* ein Singleplayerspiel, würde ich es längst nicht mehr spielen.» Und alle sind sich einig: «Es ist wichtiger, mit wem man spielt, als was man spielt.» Die Kommunikation sei auch der Hauptgrund für die eigene Gilde gewesen: «Wir wollten eine Community für Schweizer bilden, wo wir uns auch in unserer Muttersprache über unsere Leidenschaft unterhalten können.»

Eine neue Form der Kommunikation

Die Kommunikation im Spiel stellt einen zentralen Aspekt dar. Dies erkennt man auch daran, dass Online-Welten viele verschiedene Möglichkeiten bieten, sich gegenseitig auszutauschen. Lässt man zum Beispiel

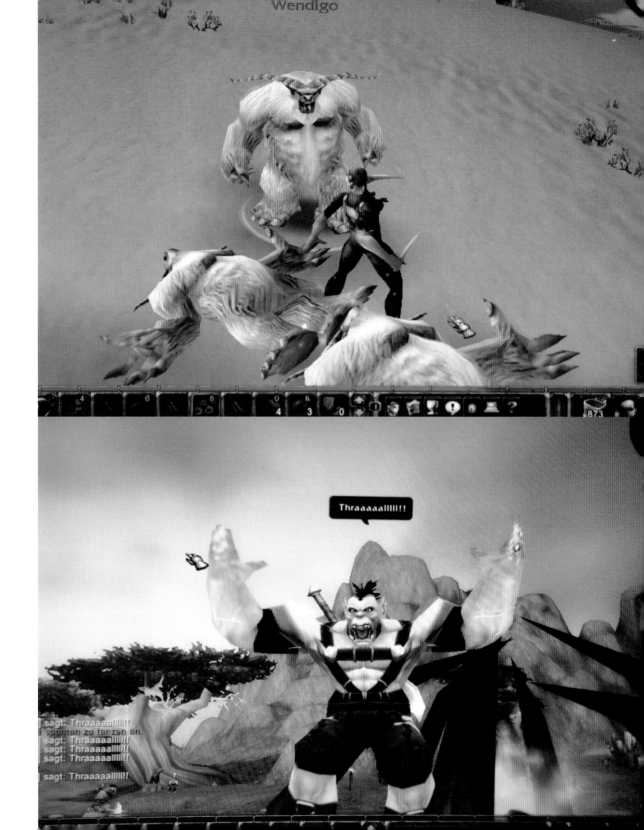

Your items. (Ctrl-I)

Mini-Map   Map   Inventory

die eigenen Spielfiguren mit einer anderen sprechen, die sich in unmittelbarer Nähe aufhält, so wird dies mit einer Sprechblase dargestellt. Eingebaute Chat-Funktionen erlauben es aber auch, mit Spielern zu kommunizieren, die sich mit ihrer Figur an einem weit entfernten Ort in der virtuellen Welt aufhalten. Natürlich kann man abwesenden Spielern auch einen Brief schreiben, den sie dann an einem virtuellen Postschalter entgegennehmen können. Darüber hinaus tragen fortgeschrittene Spieler meistens einen Kopfhörer mit Mikrofon, um sich über Internet-Telefondienste mit anderen Spielern zu unterhalten. Die ausgeprägte Diskussion unter den Spielern führt zur Ausbildung eines Jargons mit unzähligen Abkürzungen und Fachbegriffen. Folglich können Nicht-Eingeweihte oft nicht einmal die einfachsten Dialoge verstehen. Und gibt es einmal keine Worte auszutauschen, dann ganz bestimmt Waren. Über Auktionshäuser werden allerlei im Spiel gefundene Güter, von Waffen bis zu Zaubertränken, getauscht oder verkauft.

Weil die Kommunikation in diesen Spielen derart wichtig ist, macht es Sinn, sie nicht einfach nur als Computerspiele zu betrachten, sondern auch als ein neues Internet-Medium, das (neben Email, Internet-Portalen, Foren, Blogs und Chat-Kanälen) eine weitere Möglichkeit zur Kommunikation bietet. Die Online-Welten werden bis jetzt zwar vor allem in Spielen gebraucht, an sich aber können sie überall dort eingesetzt werden, wo Menschen sich austauschen. Damit werden Online-Welten auch für religiöse Gemeinschaften interessant.

Religion im Internet gibt es schon lange, und kaum eine religiöse Institution kommt heute ohne eigene *Homepage* aus. Nun haben religiöse Gruppierungen aber auch damit begonnen, den dreidimensionalen Cyberspace zu bevölkern. Dies zeigt ein Besuch in der Online-Welt von *Second Life*. *Second Life* der Firma *Linden Labs* verzeichnet erst eine Million User und ist somit noch lange nicht so bekannt wie *World of Warcraft*. *Second Life* ist eigentlich auch kein «Spiel». Es wird zwar unter anderem auch für Abenteuerspiele benutzt, dies stellt aber eher die Ausnahme dar. Die Avatare der *Second Life*-Welt töten in der Regel keine Monster, vielmehr gehen sie einkaufen, kleiden sich ein und feiern Partys. Vor allem aber wird geredet. Man trifft sich zu zweit oder in Gruppen, um zu diskutieren – oder eben auch, um religiöse Rituale durchzuführen. Virtuelle religiöse Gruppierungen schiessen wie Pilze aus dem Boden. Da gibt es zum Beispiel eine Synagoge, in der sich am Freitagabend Juden aus aller Welt treffen, um gemeinsam den Beginn des Sabbats zu feiern: Zuerst wird religiöse Musik gehört, dann die Sabbat-Kerze angezündet und gebetet. Besonderer Beliebtheit erfreuen sich die vielen christlichen Freikirchen, deren wöchentliche Gottesdienste zwischen einem Dutzend und zwei- bis dreihundert Besucher zählen. Wer sich in kleineren Gruppen wohler fühlt, kann eine der vielen Gebets- oder Bibelstunden besuchen. Eine Gruppe von Muslimen trifft sich für das Freitagsgebet in einer nachgebauten Mezquita Mayor, und in eine katholische Kirche wird jeden Sonntag die Messe life aus dem Vatikan übertragen. Es gibt auch Mormonen- und Buddhistengruppen und viele mehr. Wie sehr oder wie wenig solche Cyber-Gottesdienste «echten» Ritualen gleichen (aufgrund ihrer Form oder ihrer Funktion) ist wohl von Fall zu Fall verschieden und soll hier nicht diskutiert werden.

Jedes Medium beeinflusst die Art und Weise, wie kommuniziert wird, das ist auch bei der Kommunikation über Online-Welten nicht anders. Wie beim Telefonieren oder beim Chatten per Internet ist es auch in Online-Welten möglich, mit Menschen am anderen Ende der Welt zu kommunizieren. Bei wöchentlichen Ritualen kann zudem aber auch eine zeitliche Distanz überwunden werden. Die oben erwähnte Synagoge beispielsweise feiert den Sabbat-Beginn jeden Freitag fünfmal, jeweils immer für eine andere Zeitzone. Dabei sind aber nicht etwa nur jeweils die Avatare anwesend, deren User sich alle in der entsprechenden Zeitzone befinden. Die meisten wählen sich die Zeiten aus, die ihnen gerade am besten passen.

Und natürlich kommen auch viele der Besucher der christlichen Gottesdienste am Sonntagmorgen (*Second Life*-Zeit) aus Zeitzonen, in denen sie ausschlafen konnten.

Eine weitere Eigenheit der Kommunikation in Online-Welten ist, dass auch Gesten miteinbezogen werden können. Das ist der offensichtlichste Unterschied gegenüber anderen Medien, über die sich mehrere Personen wechselseitig austauschen können. Man kann zum Beispiel zurücktreten und sich setzen, um darauf aufmerksam zu machen, dass man seine Rede beendet hat, oder man klatscht in die Hände, um seine Zustimmung auszudrücken und so weiter. Wie die Cyber-Gottesdienste zeigen, funktioniert dies auch bei grösseren Gruppen. Gerade in religiösem Umfeld ist auch eine symbolische Kommunikation möglich, oft sogar erwünscht, indem man zum Beispiel eine Synagoge immer mit Kippa betritt, vor der Moschee die Schuhe auszieht oder rituelle Waschungen vollzieht.

Hinter dem Bildschirm ist man anonym

Ein weiterer wichtiger Aspekt ist die Anonymität: Man kann nie genau wissen, wer sich hinter einem Avatar verbirgt. «Über Leute, mit denen man viel Kontakt hat, erfährt man schon einiges aus dem realen Leben», erzählt Michael, und fährt dann mit einem Grinsen fort, «aber es gibt auch Überraschungen. Wenn man etwa nach einem Jahr gemeinsamen Spielens feststellt, dass der andere eine Tochter hat.» Und Sebastian erklärt: «Das reale Leben hat im Spiel eigentlich keine grosse Bedeutung. Bis aufs Alter und das Geschlecht weiss man kaum etwas voneinander, wobei das Alter ziemlich unwichtig ist.» Und selbst das Geschlecht scheint kaum eine Rolle zu spielen. Michael nennt sich sowohl im Spiel als auch im Gilden-Forum «Hanna». «Ich habe kein Problem damit, mir einen Frauennamen zu geben, denn es ist ja ein Rollenspiel.» Und ein Gildenmitglied meint daraufhin: «Es ist aber schon lustig, wenn man beginnt, Leute in der weiblichen Form anzusprechen, nur weil sie einen weiblichen Charakter spielen.»

In Online-Rollenspielen lernen Jugendliche eine neue Art der Kommunikation kennen und schätzen. Geschützt durch die Anonymität, kann Rollenverhalten spielerisch ausprobiert werden, und auch mit Welt-sichten kann experimentiert werden. Es ist einfacher, mit religiösen Gruppierungen in Kontakt zu treten, die es in der unmittelbaren Umgebung nicht gibt oder die man sich sonst scheuen würde aufzusuchen. Jeder kann selber bestimmen, ob und wann er die Anonymität verlassen will. Auch die «Eidgenossen» haben hin und wieder über ein Treffen im «realen Leben» diskutiert. Zustande gekommen ist aber bis jetzt noch keines. «Das Problem dabei ist, dass man dafür ans Tageslicht müsste», erklärt Michael halb im Scherz. Ausserdem steht zurzeit etwas Wichtigeres auf dem Plan, denn bald soll es mit der Gilde nach Karazhan gehen, wo eine der grössten Herausforderungen von *World of Warcraft* auf sie wartet. Bis dahin müssen die Helden noch viel trainieren.

«JESUS – DAS IST WIE SCHMETTERLINGE IM BAUCH»

SELBSTVERSTÄNDLICH MIT RELIGIOHNE

Rico Camponovo

«Ich habe keine Religion!» Debbie wirft ihr hüftlanges braunes Haar zurück, fixiert mich mit braungrünen Augen: «Vielleicht eigne ich mich nicht für dieses Buch zu Jugend und Religion?» Ich starre zum «Treffpunkt» im Zürcher Hauptbahnhof: «Mal sehen ...»

Religion ist der beinahe 17-Jährigen ein Gräuel. Es bedeutet Röcke tragen im Sonntagsgottesdienst, Kontrolle durch den Gemeindeleiter, Sonntagsschule organisieren, Sünde da – Sünde dort. «Du wirst sofort schubladisiert: Aha! Eine Christin! Zum Glück steht in der Geburtsurkunde konfessionslos! Ich will eh nur ich selber sein.» Verärgert kickt sie mit ihren schwarzledernen Cowboystiefeln einen Kiesel gegen das Limmatmäuerchen. «Dabei muss man sich für die christliche Religion ja schämen!»

Ganz anders war's damals in Rumänien. Da kam ihre persönliche Gottesbeziehung zu voller Blüte, weil sich die Religion, diese lästige Struktur, ins Nichts verflüchtigte. Die sechsköpfige Familie war für drei Jahre nach Rumänien gezogen – in die Bukovina, dann nach Transsilvanien. Es war die Idee ihrer Eltern: mit einem christlichen Hilfswerk für die Ärmsten in Romaslums Hilfe zu leisten durch Verteilung von Hilfsgütern aus der Schweiz, durch missionarischen Aufbau christlicher Gemeinden sowie handwerkliches Engagement – Debbie bezeichnet ihren Vater, den gelernten Metallbauschlosser, als «Superallrounder». Da gab's keine Kirche, keine Gemeindeleiter, keine Sonntagsgottesdienste ... Eine kleine

Holzhütte für Versammlungen wurde erst nach zwei Jahren auf einer Abfallhalde mitten in den Slums gebaut. «Geworshipped» wurde in der Familie oder ad hoc in den sich bildenden Hauskreisen. Debbie strahlt: «Diese Gottesdienste waren super! Hab mich immer so gefreut, die Leute zu treffen!» Rumänien, echte Freiheit! Debbie, die Älteste, war gern mit dem Vater unterwegs. Auf unzähligen Hausbesuchen ging er auf die Nöte der Menschen ein, predigte in improvisierten Versammlungen Gottes Wort, mit einem Übersetzer, später in gebrochenem Rumänisch, spielte Gitarre, begleitet auf dem Keyboard von Debbie. Sie bewundert ihren 50-jährigen Vater: «Seine Beziehung zu Gott ist noch stärker als meine!» Für Debbie war es die intensivste Zeit persönlicher Gottesbeziehung. Null Religion – 100% Glaube! «Was ist Glaube?» Debbie zögert nicht: «Du glaubst, dass Gott und Jesus existieren und gut sind!» Ich will es genauer wissen: «Wie merkst du, dass diese Beziehung da ist?» Debbie blickt erstaunt, nestelt an der schwarzen Lederkordel an ihrem Hals: «Sorry, was für eine Frage! Du spürst doch genau, wenn du eine persönliche Beziehung zu jemandem hast! Dieses Gefühl ist direkt mit Gott, wie mit einem Vater! Du fühlst, er liebt dich, lässt dich nie allein! Jesus – das ist wie Schmetterlinge im Bauch!», lacht die schlanke Teenie, «ein bisschen wie verknallt sein! Oft ist Jesus ein Freund, ein cooler Bruder.»

Was gibt's Cooleres als eine Familie

Debbie hat noch einen coolen Bruder. Simon, er ist ein Jahr jünger. Sie liebt ihren hübschen, E-Gitarre spielenden Bruder, der immer «saufreche» Sprüche drauf hat. Alle Geschwister liebt sie und erst recht die ganze Familie; sie bedeutet für sie das Wichtigste im Leben. «Ich bin stolz auf meine Familie!» «*Du* bist stolz, warum?» Debbie runzelt die Stirn: «Ich glaube, weil sie stolz auf mich sind ...» Sie zeigt ihre linke Hand – sechs silberne Ringe glänzen daran, für jedes Familienmitglied einer. Die Nägel lackiert sie nie. Die Schwester Jael ist 14, spielt sehr gut Geige und ist «zackig». Es imponiert Debbie, wie sie ihre Entscheidungen – sind sie einmal getroffen – vorbildlich durchzieht. Mit Lea hängt Debbie oft herum, sie findet die 10-Jährige intelligent und so «relaxed». «Nix kann sie aus der Ruhe bringen!», wundert sich Debbie. Sie teilen die Leidenschaft, Hochzeits- und Motorradzeitschriften durchzublättern und zu träumen. Debbies Natel klingelt: «Loosing my religion» von REM! Ausgerechnet! «Mami, wir sind beim Landesmuseum, schauen den Schwänen zu!» Sie zwinkert mir zu: «Wenn ich sie informiere, kann ich später heim!» Die erst 40-jährige Mutter ist oft wie eine ältere Schwester für sie, schaut, dass sich daheim alle wohl fühlen. Debbie schätzt das und freut sich gerade deswegen jeden Abend auf ihr Daheim. «Gestern kam ich spät heim. Da hat sie extra für mich Essen zubereitet, obwohl sie nicht gerne kocht.» Ich bin überrascht: «Du bist ein Riesenfan deiner Familie! Ist bei euch alles wunderbar?» Debbie schüttelt heftig den Kopf: «Nein, sicher nicht, zum Beispiel ...» Sie neigt den Kopf, überlegt lange: «Manchmal merke ich, dass die Umgebung die Zahl unserer Kinder seltsam findet. Dann weiss ich nicht, ob ich mich für die Familie schämen muss.» «Die Schule in Rumänien war schräg! Zuerst hatten wir rumänische Lehrer. Die hatten Respekt vor *uns*! ‹Was möchtet ihr heute machen Kinder?›, haben die gefragt! Meistens hatten wir Privatlehrer, Studenten aus der Schweiz. Wir vier in derselben Klasse, das ging ziemlich wild zu und her!» Debbie lacht laut. «Das Schulzimmer war daheim. Einmal sogar in meinem Schlafzimmer!» Wir starren auf die Limmat beim Drahtschmidli, es beginnt leise zu regnen. Debbie zieht die schwarze Lederjacke mit den langen Fransen enger um sich. «Wir haben die Deutsche Schule probiert, ich blieb nur zwei Tage! Die waren mit dem Stoff total woanders, und einige Jungs waren so was von lästig. Ständig Geflirte, mitten in der Stunde, der Lehrer hat nur gelacht. Flirten macht Spass, aber nicht so widerwärtig!» Ich zucke die Schultern: «Du hast ihnen

gefallen! Wie gefällst du dir selber?» Debbie blickt auf ihre zerfranste hellblaue Jeans, zupft am 10cm breiten hellbraunen Ledergürtel: «Ich finde mich genau richtig.» Ich entgegne: «Junge Frauen sind meist unzufrieden mit dem Aussehen. Warum du nicht?» «Ich glaube, weil Gott mich gemacht hat. Er macht nur Gutes, also ist es gut, wie ich bin!»

Rückkehr: Lehre, Verwandte, Heilsarmee

Im Herbst 2006 kehrten sie nach Pfäffikon zurück. Debbie begann die Lehre als Fachfrau für Hauswirtschaft in einem Altersheim in Zürich. Im ersten Lehrjahr arbeitete sie je drei Monate im Service, bei der Zimmerreinigung, in der Wäscherei. «Das war mir zu wenig Kontakt! Ständig am Bügeln im Keller! Jetzt bin ich in der Küche. Am Anfang war es schwierig. Viele alte Leute sind unglücklich, kommen sich nutzlos vor, werden krank und kränker oder benehmen sich immer kauziger. Besonders schlimm ist, wenn die Pensionäre nach einem Unfall die mobilen Fähigkeiten verlieren und darunter so leiden, dass sie den Tod wünschen.» Damals – sie wurde 16 – wollte sie mit 17 sterben. Nur so schien ihr garantiert, dass sie der Nachwelt dereinst nicht als quengelige Person in Erinnerung bliebe. Jetzt aber gibt es schöne Gespräche, die Pensionäre mögen sie; so gefällt ihr die Lehre. «Früher fand ich nur die Gegenwart wichtig. Die alten Menschen haben mir gezeigt, dass die Vergangenheit lebendig ist.» Debbie hört mehr zu. Sie will nicht mehr mit 17 sterben. – Die Badeanstalt Oberer Letten ist menschenleer. Die hölzernen Pritschen glänzen regennass. Wir schlendern Richtung Kraftwerk.

Debbie liebt beide Grosseltern mütterlicherseits sehr. Zwei bis dreimal im Monat hat sie Spätdienst, dann übernachtet sie bei ihnen in Effretikon, quasi auf dem Heimweg. «Zur Grossmutter habe ich ein spezielles Verhältnis,» Debbie streicht nachdenklich über ihr ungeschminktes Gesicht, «wir gleichen uns im Gesicht … reden viel … sie ist wie …eine zweite Mutter!»

Debbie kennt die Verwandtschaft väterlicherseits nicht. «Ich weiss nicht warum, was passiert ist. Grossvater will keinen Kontakt, Grossmutter ist 1958, als Vater einjährig war, ohne ihn in die USA ausgewandert. Sie lebt in San Francisco.» Debbie hat im Tagebuch den kompletten Stammbaum gezeichnet. «Ich will alle kennen und spare schon für die Reise in die USA.» Sie lacht. «Vater wuchs mit einem Cousin in der Familie einer Tante auf. Die beiden meinten, sie seien Brüder, sie wurden erst informiert als Vater 10-jährig war.» – Beim Limmatplatz zwängt sich der Verkehr in die Langstrasse. Der Regen lässt nach.

Nach der Rückkehr aus dem Osten schloss sich die Familie der Heilsarmee in Uster lose an. «Dort gibt's coole Jugendliche. Das macht mega Spass.» «Warum seid ihr nicht zur alten Gemeinde zurück?» Debbie schüttelt den Kopf: «Wir wurden aus der alten Freikirche rausgeschmissen, als wir nach Rumänien gingen! Einfach so! Obwohl meine Eltern 18 Jahre treue Teilnehmer waren! Die Gemeindeleiter waren schwierig. Wir erhielten ein Kontaktverbot, wie Aussätzige wurden wir behandelt! Ich durfte den Freundinnen nicht schreiben!» Debbie ist wütend: «Ich habe mich nicht daran gehalten! Allerdings durften sie nicht antworten, so ist der Kontakt erloschen. Ich werde nie mehr Mitglied einer Religion! Immerhin habe ich Dinah aus der alten Gemeinde als Freundin behalten können, weil ihre Familie auch ausgetreten ist. Mit ihr kann ich über alles reden! Sie kam drei Monate nach Rumänien. Das hat uns zusammengeschweisst!»

«Was ist der Unterschied zwischen Geschwisterbeziehungen und Freundschaften?», frage ich. Debbie überlegt lange: «Ich glaube, Geschwister werden mit der Zeit zu Freunden … Mit Lea, seltener mit Jael, spiele ich das Schwesterspiel: Wir benehmen uns, als ob wir Schwestern wären, das ist lustig. Dies zeigt, dass wir Freundinnen werden; würden wir sonst Schwester *spielen*?» Und wie steht es mit der Liebe, ein

Freund? Debbie winkt ab: «Im Moment habe ich die Nase voll. Ich hatte bisher zwei Freunde. Das wird immer schnell eng. Eifersüchteleien, Stress. Kaum habe ich's lustig mit einem Typen, schnappt der Freund ein! Ich will frei sein.» Wir spazieren durch die Josefstrasse, begeistern uns am Schnickschnack in den Schaufenstern. In der Heilsarmee fühlt Debbie sich wohl. Aber kein Vergleich mit dem intensiven Glauben in Rumänien. Sie spürt den Einfluss der Religion: «Mein Glaube ist seit der Rückkehr nicht ganz im Gleichgewicht, bei den Eltern heule ich mich manchmal aus.»

Ich war so wütend auf Gott!

«Hattest du in Rumänien keine Glaubenskrisen?», frage ich. «Selten!» Die Antwort kommt rasch, sie zupft ihr schmuckloses Ohrläppchen: «Einmal machten wir Hausbesuch in den Romaslums. Die Winternächte waren bitterkalt; die Temperatur fiel 20 Grad unter den Nullpunkt. Wir erfuhren, dass in einer Familie ein Baby erfroren war; sie wohnten am Waldrand. Ich wollte zuerst nicht hin; wir können nicht von unserem guten Gott berichten, wenn er nicht mal zu ihrem Baby schaut! Ich war so wütend auf Gott! Unsicher war ich auch, weiss ja nicht … werde nie alles verstehen von Gott … also gingen wir doch. Dort stellte ich fest, der Tod beschäftigte die nicht; das Neugeborene war nicht wichtig. Glücksgefühle durchfluteten mich; ich verstand, Gott hat das wenig geliebte Wesen wieder geholt. Er schenkt, aber wenn's niemand schätzt …»
 «Kannst du dein Glücksgefühl beschreiben?» Debbie sucht Worte: «Nähe zu Gott … Schmetterlinge … wunschloses Glück … Freiheit! In Rumänien hatte ich dieses Gefühl täglich. Jeder Mensch braucht Anerkennung. Gott gibt mir das; meist wenn ich mit Menschen zusammen bin. In Rumänien hatte ich drei Monate beide Hände im Gips, konnte nicht mal die Zahnbürste halten!» Sie streckt die Arme aus; ihr linker Unterarm ist mit einem USA-Tüchlein umwickelt. «Im eisigen Winter gab's im Haus kein Wasser. Bei minus 15 Grad mussten wir am Ziehbrunnen Wasser hochkurbeln. Der Griff ist mir entglitten und schlug gegen die Hände. Später, in einem Hauskreis, hat eine Frau spontan für meine *guten* Hände gebetet. Da spürte ich Gott überwältigend nah, ich musste losheulen. Es war peinlich, aber auch voll cool! Auch am Abend vor dem Einschlafen ist dieses Gefühl möglich. Ich konzentriere mich auf meine Beziehung zu Gott und schlafe glücklich ein.»
«Was meinst du, geschieht beim Tod?» Wir stehen wieder im Hauptbahnhof, Menschen eilen zu den Zügen. «Ich sterbe bei einem Töffunfall oder lieber im Lehnstuhl. Zack! Du bist tot, das Innere lebt grad weiter!» Debbie atmet tief durch, «der Rest wird irgendwo verbuddelt. Die Seele geht zu Gott, dort geht's ewig weiter, aber das darf ich nicht denken, sonst dreht's im Kopf, Schwindelanfall! Sich Gott vorstellen, unmöglich …» «Dort bei Gott, was läuft da?», bohre ich. «Dort ist's megacool! Es muss megacool sein, weil Gott es für uns ausgedacht hat! Niemand weint, keine Dunkelheit, keine Arbeit, alle Wünsche gehen in Erfüllung! Ich freue mich darauf!»

«MANCHMAL SITZE ICH IN DER LEEREN KIRCHE»

EIN EINBLICK IN DAS LEBEN UND DEN GLAUBEN EINER JUNGEN FRAU

Silvia Gartmann

Als 13-Jährige will Eleonora tausend Dinge tun. Sie will in allem gut sein, von allen akzeptiert und geliebt werden. Die Tage sind lang, die Nächte kurz. Oft hat sie morgens Kopfweh, und so schluckt sie als erstes eine Kopfwehtablette. «Ich nahm auf mich selbst und auf meinen Körper kein bisschen Rücksicht», gibt sie im Rückblick selbstkritisch zu. Heute ist Eleonora 21 und studiert Psychologie. Sie hat vieles erlebt. Geblieben sind Familie, Freundinnen und der Glaube an Gott. Dazugekommen sind Migräne, Epilepsie und Angst.

«Ich habe meinen ganz persönlichen Glauben an Gott»

Eleonora wächst im Kanton Graubünden auf. Nach der Primarschule wechselt sie direkt an das Gymnasium. In ihrer Freizeit spielt sie Volleyball, reitet und trifft sich mit ihren Freundinnen. Aus Dankbarkeit für ihr gutes Leben betet sie jeden Tag zu Gott. Sie sagt das Vaterunser und danach eigene Gedanken. Zu beten gelernt hat sie in der Primarschule, im katholischen Religionsunterricht. Ihr Vater ist katholisch und ihre Mutter reformiert. Beide glauben an Gott. Zur Messe geht die Familie fast nie, ausser an Feiertagen, in ihrem Heimatort. Das gefällt Eleonora sehr. Sie fängt an, allein in die leere Kirche zu gehen. Dort fühlt sie sich geborgen, voller Frieden. «Zeit und Raum verlieren sich um mich, ich kann alles vergessen.» Sie fühlt eine starke Verbindung zu Gott.

Von ihrer Mutter hat Eleonora gelernt, dass alles seinen Sinn hat. Gott weiss, was er macht. Er will das Gute für den Menschen. Im Gymnasium hört Eleonora im Fach «Religion und Ethik» Näheres über andere Religionen. Sie erfährt vom Buddhismus, vom Glauben an die Wiedergeburt und an das Karma. Dieses Konzept macht für sie Sinn. All das Schreckliche und all das Gute kann erklärt werden. Die Jugendliche findet ihr eigenes Weltbild, in dem der Glaube an Gott und an die Wiedergeburt Platz haben. Dies erklärt sie so: «Der Ursprung des Leids, der Ungerechtigkeit und der vielen Missverständnisse auf dieser Welt ist der Mensch. Jede Person kommt auf die Welt, weil sie eine von Gott vorgesehene Aufgabe hat und etwas lernen soll. Durch jedes Leben wird die Person dann vollkommener, findet mehr zu sich selbst. Das Ziel ist ein Individuum in vollem Frieden mit sich selbst, das sich selbst liebt und akzeptiert, so wie es ist. Wegen der Fehlbarkeit der Menschen lernen jedoch nicht alle ihre Lektion im Leben. Daher kommen viele wieder auf die Welt, bis sie ihre Lektion verstehen und somit auf ihrem Weg zu sich selbst ein Stück weiter sind. Sind sie dann ganz zufrieden mit sich, gehen sie durch den Tod in die Welt der Vollkommenen; sie werden für immer in die Gemeinschaft des Himmels aufgenommen.» Schon dort angelangt sind gemäss Eleonora Personen wie Buddha, Mohammed, Moses, Maria und Jesus. «Jesus steht über allen anderen. Er ist durch die grösste Hölle gegangen, um die Menschen zu befreien, um ihnen den Weg zu zeigen. Er ist der vorbildlichste Mensch, den es je gegeben hat.» Über Jesus steht für Eleonora nur Gott, der sich durch Jesus den Menschen gezeigt hat. Gott ist der Schöpfer. Er weiss genau, was er macht. Er will nur das Gute für die Menschen. Doch diese müssen ihr Leben auf der Erde bewältigen.

«Es passiert immer wieder Schlimmes»

An ihr Leben als 14/15-Jährige erinnert sich Eleonora gern. Tagsüber hat sie Schule, danach geht sie mit Freundinnen in die Stadt oder treibt Sport. Zu Hause warten die Hausaufgaben. Die Tage sind lang, die Nächte kurz. Am Wochenende ist Ausgang angesagt, im Winter tagsüber Snowboarden. «Da fühlst du dich so frei! Und ich wollte einfach all die Dinge tun, egal wie müde ich war.» Eleonora meint heute, diesen Lebensstil hätte sie noch lange weitergeführt, hätte sie nicht einen Anfall gehabt. Diagnose: Epilepsie. «Im ersten Moment bin ich mir schmutzig vorgekommen.» Sie identifiziert sich mit einem ihr bekannten Epileptiker, der ungepflegt ist. Freunde und Familie unterstützen sie, nehmen sie mit ihrer Krankheit an. Die Gymnasiastin findet sich mit ihrer Krankheit ab. Nach und nach interpretiert sie die Krankheit als Fingerzeig Gottes, auf sich selbst zu achten: Sie muss sich selbst genügen, nicht den anderen. Durch die Epilepsie ist Eleonora langsamer geworden, muss viel mehr Zeit für das Lernen investieren als früher und gehört dennoch jetzt zu den «Schlechteren». Von der Schulleitung und den Lehrpersonen wird ihr viel Verständnis entgegengebracht. Ihre Freundinnen helfen mit den Aufgaben. Trotz der guten Dosierung der Medikamente bekommt sie ab und zu einen Anfall. «Es geschah zum Glück immer zu Hause, aber die Anfälle wurden immer schlimmer. Je mehr Medikamente nötig waren, desto besser bekam ich alles mit. Ich hatte jeweils das Gefühl zu ersticken.» Eleonora bekommt Angst, in der Öffentlichkeit einen Anfall zu erleiden und damit Fremde zu stören. Besonders grosse Angst hat sie vor einem Anfall während einer Prüfung. Das lähmt sie. «Die Klasse weiss zwar von meiner Krankheit, aber einen Anfall zu erleben, ist dann

doch was anderes! Da bekommen die doch einen Schock!» Die Maturaprüfungen sind ein Horror. Eleonora hat Angst vor einem Anfall und dadurch Angst davor durchzufallen.

Die Jugendliche hofft immer wieder, ihre Migräne, ihre Epilepsie und ihre Angst in den Griff zu bekommen. Sie versucht allerhand, von gängigen Arzneimitteln über eine Psychotherapie und mentales Training bis zu Jin Shin Yutsu. Heute lautet ihr Fazit: «Alles half ein wenig, doch nichts schlug wirklich ein. Am meisten Frieden und Kraft gab mir das Beten und mein Glaube an Gott.» Eleonora betet immer wieder, in der Kirche, im Freien, in verzweifelten Situationen. Manchmal sitzt sie in der leeren Kirche und schaut an den Wänden hoch. Zeit und Raum verlieren sich um sie. Tiefer Friede. Gott. Doch immer kann sie nicht in der Kirche sein. Als Symbol für ihre tiefe Bindung zu Gott trägt sie ein kleines Kreuz um den Hals. Sie hat das Gefühl, es beschütze sie.

Zu Hause entwickelt Eleonora ihr eigenes Gebetsritual. Abends zündet sie in ihrem Zimmer ihre «Engelsker-ze» an und betet auf ihrem Bett. Sie betet das Vaterunser und dankt für alles, was sie hat. Sie bittet Gott um Verzeihung für ihre Fehler und fleht, dass er ihr helfe, es besser zu machen. Sie betet für eine bessere Welt und ganz konkrete Anliegen. So wird der Jugendlichen jeden Tag bewusst, was alles gut ist in ihrem Leben und was sie verändern möchte. Sie legt ihre Sorgen und Nöte, ihr ganzes Leben und Schicksal in Gottes Hände. Das gibt ihr Kraft. Hoffnung. Inneren Frieden. Eleonora besteht die Matura. Ein Traum geht in Erfüllung. Ein Albtraum ist zu Ende.

«Jede Person kann selbst entscheiden, wie sie mit allem umgeht»
Religion bedeutet für Eleonora das Gute. Sie soll jedem helfen, ein guter Mensch zu sein und ein gutes

Leben zu führen, tolerant zu sein und im Mitmenschen das Gute zu sehen. Immer wieder erfährt sie, dass viele Menschen das nicht können. Viele können die Mitmenschen nicht so nehmen, wie sie sind. Einmal geht wegen der Religion sogar ihre Beziehung mit einem jungen Mann auseinander. «Ich hatte ihn sehr, sehr gern!» Doch seine Eltern können nicht akzeptieren, dass er, ein Muslim, eine Christin als Freundin hat. Obwohl das junge Paar sich liebt, trennt es sich. Eleonora ist zutiefst getroffen. Sie kann nicht verstehen, dass Religion dazu führen kann, dass zwei Menschen nicht zusammen sein dürfen. «Gott ist doch überall auf der ganzen Welt der Gleiche!»

Die Wurzeln dieses Problems sieht Eleonora darin, dass manche Menschen Gott für irdische Ziele missbrauchen: «Zu ihrer Legitimation legen diese die Heiligen Schriften falsch aus. Gerade im Islam geschieht das heutzutage, bei den Heiligen Kriegen und den Einschränkungen für Frauen. Aber das Christentum ist keinen Deut besser! Da muss man nur an die Ablassbriefe oder die Kreuzzüge denken. Nur weil bestimmte Menschen heute bestimmte Einstellungen hinter sich gelassen haben, haben sie nicht das Recht, auf die anderen hinunterzuschauen! Die wahre Religion zwingt nicht zu diesem oder jenem Handeln und Denken. In ihr ist jede Person frei, zu glauben und sich anzuziehen, wie sie will!»

An ihrem Gott hat Eleonora nie gezweifelt. Sie hofft, dass mehr Menschen «erkennen, dass alle Menschen gleich sind, egal, welche Religion sie leben, in welchem Land sie leben und welcher Rasse sie angehören. Das Wichtige ist, dass die Menschen überhaupt an etwas glauben. Das macht das Leben leichter, unterstützt in schweren Situationen.»

«ER wird schon dafür sorgen, dass es gut ausgeht»

Nach der Matura fährt Eleonora mit einer Freundin in die Ferien. Anstatt sich zu erholen, kann sie zwei Nächte nicht schlafen. Sie hat Riesenangst vor einem Anfall und nimmt ein paar Tabletten mehr als gewöhnlich. Sie hofft, so den Anfall verhindern zu können. «Schon beim Einnehmen habe ich gebetet: Hoffentlich sterbe ich nicht deswegen!» Von der leichten Überdosis wird Eleonora halb ohnmächtig. Im Rückblick sagt sie von sich, nicht mehr zurechnungsfähig gewesen zu sein. Es geht noch einmal alles gut. Aber sich selbst und auch ihrer Freundin hat sie einen mächtigen Schreck eingejagt. Eleonora weiss, so etwas darf sie nie mehr tun. Das kann sie ihren Freunden und ihrer Familie nicht antun. Sie brauchen sie. Wichtig zu sein für sie, eine Stütze im Leben ihrer Freundinnen und Familie zu sein, gibt der jungen Frau Kraft. Sie weiss, sie hat Verantwortung für das Leben anderer. Sie kann nicht einfach aufgeben.

Nach einer Erholungspause beginnt Eleonora mit dem Psychologiestudium. Das war schon immer ihr Wunschtraum. Sie fühlt sich am richtigen Ort. Doch im ersten Winter kann die junge Frau wegen der Nebenwirkungen eines Medikaments ein paar Wochen lang kaum schlafen. Zum Prüfungsstress kommt eine unendliche Müdigkeit und dadurch immense Angst, mitten unter den Studierenden einen Anfall zu haben. In einer Vorlesung hört Eleonora, dass infolge einer Krankheit somatische Angststörungen auftreten können. «Ich war wie vom Donner geschlagen! Ich hatte mein Problem entdeckt! Eigentlich wollte ich mit meinem Studium dazu befähigt werden, anderen zu helfen. Doch offenbar brauchte ich selbst eine Therapie.» Die junge Frau versucht es erneut mit einer Psychotherapie. Schon nach kurzer Zeit ist sie von dieser überzeugt.

Zur gleichen Zeit geht sie auf Anraten einer Freundin in eine integrale Therapie. Auch diese Therapie hilft wirklich. Eleonora schildert eine dieser Therapiestunden: «Die Heilerin nimmt mit meinem Herzensraum Kontakt auf. Dort sieht sie eine Person, die mich symbolisiert. Die imaginäre Gestalt ist beispielsweise hart am Arbeiten und kämpft mit ihrem Leben. Dies sieht man auch am Gewand, das sie trägt. Auch ich stelle mir die Situation vor und sehe, wie die kleine Person das Gewand mit dem Problem auszieht und es anschliessend verbrennt, in der Feuerschale des Schutzengels, des Engels der Gnade.» Zwei bis drei Wochen nach der Behandlung fühlt sich die junge Studentin immer viel besser und spürt, dass eine Lösung des jeweiligen Problems möglich ist. Die Therapeutin erzählt manchmal auch von Eleonoras früheren Leben. Eleonora meint dazu: «Bestimmte Charakterzüge kann ich nicht von meinen Eltern oder meinem Freundeskreis haben. Wenn die Therapeutin mir dann von besonders prägnanten Erlebnissen und Situationen in früheren Leben erzählt, kann ich verstehen, warum ich heute so bin.»

In ihrem Studium lernt Eleonora Menschen mit Depressionen kennen. «Sie haben von aussen betrachtet ein sehr gutes Leben. Trotzdem wachen sie morgens auf und sind traurig, ohne zu wissen, warum. Wenn ich mich mit ihnen vergleiche, bin ich dankbar, dass ich mein Kranksein fassen kann und weiss, warum ich so bin. Ich bin dankbar für meine Familie, meine Freundinnen und Freunde. Sie alle und mein Glaube an Gott machen mein Leben trotz all der Schwierigkeiten lebenswert!» Durch die neue Psychotherapie und die «Schutzengeltherapie» fühlt sich Eleonora auch immer besser. Sie hat zwei Behandlungsformen gefunden, die zu ihr und ihrem Glauben passen. Schritt um Schritt geht es der jungen Frau besser.

«MEHR LEBEN ALS FUNKTIONIEREN»

SINNSTIFTUNG DURCH SINNENFREUDE UND EINE FLEXIBLE ETHIK

Karin Thalmann-Hereth

«Das Zentrale dieser Religion in der Geschichte ist der Glaube. Es kommt nicht darauf an, an was man glaubt, ob an Gott, die Natur oder an sich selbst. Das, was die Menschen dieser Religion verbindet, ist der Glaube.» Dieser Satz stammt aus der Feder einer 19-jährigen Schülerin. Sie und ihre Mitschülerinnen und Mitschüler wurden gebeten, eine Religion zu beschreiben, wie sie in einer Fantasy-Geschichte vorkommen könnte. Entstanden ist eine Sammlung von zweiundzwanzig Aufsätzen, in denen Jugendliche einer Zürcher Maturaklasse, achtzehn Frauen und vier Männer, über Religion nachdenken – kritisch, sich auflehnend, idealistisch, realistisch, beherzt. In der Annahme, dass sich in diesen Beschreibungen fiktiver «Religionen» Erfahrungen und Träume der Jugendlichen spiegeln, sollen diese hier in einer Art Querlektüre vorgestellt werden. Es handelt sich um ein Experiment, um über Lebenssituation und religiöse Orientierungen Jugendlicher nachzudenken. Alle Zitate stammen aus den Aufsätzen.

Jugend als «sophisticated generation»

Die Welt einer Grosszahl heutiger Jugendlicher ist von Selbstdarstellung, Zeitmanagement und Informationsüberschuss geprägt. Den Jugendlichen wird in der postmodernen Gesellschaft eine grosse Flexibilität abverlangt: Das kulturelle Umfeld ist vielfältig, die Mobilität hoch, wo man später leben wird, oft unklar. Die Vielfältigkeit von Kulturen legt die Relativität kultureller Prägungen offen. Auch die verschiedenen religiösen Orientierungen sind von der Gesellschaft abhängig, in der sie sich entwickeln – eine Prägung, die die Zürcher Jugendlichen bewusst wahrnehmen: «Eine Religion hängt meiner Meinung nach von der Gemeinschaft ab, die diese Religion benötigt», heisst es in einem der Aufsätze. «Die Religion kann einen Rahmen darstellen … Sie ist aus den Wünschen, Fragen, Hoffnungen und Ängsten der Menschen kreiert. Wie ein Spiegelbild.»

In einer Gesellschaft, die ständig «auf Zack» ist, scheint nur wenig Zeit zur langsamen Informationsverarbeitung zu bleiben. Unbeständigkeit und Fragmentierung von Lebenswelten können es Jugendlichen erschweren, Entscheidungen überzeugt zu treffen: Was ist bei so viel Unbeständigkeit und Informationsdichte noch handlungsleitend? Dies können nur sehr allgemeine, übergeordnete Regeln sein, die für verschiedene Lebenssituationen gelten. Dann sind ethische Werte zwar vorhanden, aber – gerade wegen ihrer Beständigkeit – oftmals zeitlose Regeln. Solch allgemeingültige Regeln, die nicht einengen, kommen dem jugendlichen Autonomiebedürfnis entgegen, lassen sich aber nur schwer in praktisches Handeln umsetzen und werden dann zu Idealen. So heisst es in einem der Aufsätze: «Jeder hat einen Glauben oder die Hoffnung, die er sich selbst erschafft. Doch dies ist nicht als zwanghafter Individualismus anzusehen, sondern als ein möglicher Weg – über die eigene Religion. Hoffnung, dass damit alle profitieren von der positiven Hoffnung der Mitmenschen. Trotz unterschiedlichster Auslebung gibt es eine Festwoche, in der das Leben gefeiert wird. Gemeinsam geleitete Veranstaltungen gibt es dann nicht – sondern einfach ein tolles Zusammensein.»

Parallel zur Werteentwicklung mit ihren allgemein gehaltenen Konzepten konzentrieren sich viele Jugendliche auf ihre konkrete private Welt. Diese ist geprägt von Wissenserwerb, stark wechselndem Mass an Verantwortung in verschiedenen Bereichen und geringem Schonraum seitens der Medien. Viele Jugendliche reagieren darauf mit einer Haltung, die ein Vieles-vom-Leben-schon-früh-Wissen wie auch eine theoretisierende Perspektive auf die Dinge umfasst. Diese Haltung bezeichne ich als «sophisticated»: Die Jugendlichen verbinden pragmatische Einstellungen und theoretisierende Distanzierung, um ihren hoch dynamischen Alltag zu regulieren. Das führt zu illusionsloser Lebensweisheit, gerade auch im Blick auf Religion: «Eine richtige Familie oder Lebensgemeinschaft kann sehr viel mehr wert sein als eine Religion», heisst es etwa in einem der Aufsätze. Zur Lebenshaltung der «sophisticated generation» gehört auch Ironie: «Vor bzw. nach dem Urknall versagt die Vorstellung.» Aussagen wie diese entstehen, wenn Dinge immer wieder anders erscheinen, als sie eben sind. «Sophisticated» zu sein, bedeutet, die Ambiguitäten der Gesellschaft auszuhalten, sie konstruktiv-witzig und tolerant ins eigene Leben zu integrieren. Ohne Euphorie, ohne Illusion.

Durch ihre Fähigkeit zu Distanznahme, Flexibilität und Ironie können Jugendliche Widersprüchlichkeiten unter einen Hut bringen. Es gibt aber auch eine Kehrseite: Nicht richtig gelernt zu haben, sich auf eine Tätigkeit einzulassen und sich zu vertiefen, die Dinge nicht fassen zu können und sie doch irgendwie im virtuellen Raum zu erleben, kann zu Gefühlen der Selbstentfremdung führen. Wie können die jungen Frauen und Männer dem entgegenwirken?

Eine relative, flexible Ethik

Jugendliche haben schon entwicklungsbedingt viele Aufgaben zu bewältigen: Sie müssen einen Beruf finden, ihren eigenen Freundeskreis aufbauen, und irgendwann wagen sie die erste Liebe. Als junge Frauen und Männer entwickeln sie ein neues Körperverständnis und finden zu einer eigenständigen Identität. Weil

in der Pubertät das abstrakte Denken reift, können sie in anderen Raum- und Zeitperspektiven denken. Das kindliche Gefühl der «Unendlichkeit der Zeit», wie es der Pädagoge Eduard Spranger vor fast hundert Jahren nannte, geht verloren. Geschehnisse in der näheren und ferneren Umwelt erhalten jetzt eine neuartige, tiefere Bedeutung. Dies verstärkt das jugendliche Bedürfnis, eine überzeugende Ethik zu formulieren. Ähnlich erging es auch früheren Jugendgenerationen. Das Bemühen um eine tragfähige Ethik hat aber für die «sophisticated generation» eine neue Dimension erhalten – nicht nur mit dem Wertesystem gilt es sich auseinanderzusetzen, sondern auch mit der Relativität der eigenen Ethik selbst: Technologischer und wissenschaftlicher Fortschritt gehen Hand in Hand einher mit zunehmender Orientierung an Spiritualität und der Inanspruchnahme von Wellnessangeboten. Dies sind Beispiele für komplett unterschiedliche Weltdeutungen, an denen sich aber ein und dieselbe Person orientieren kann. Die entstehenden Ambivalenzen erfordern eine Ethik, die für mehr als eine einzige Gesellschaftsform passt, die sich im sozialen Austausch entwickelt und ständig neu aktualisiert wird. Solch eine Ethik wird auch in den Zürcher Aufsätzen formuliert: «Die Religion wäre tolerant und voller Solidarität mit allen Menschen. Einen dominierenden Gott gäbe es nicht mehr. Jeder Mensch hätte die Verantwortung für sein Tun anderen Menschen und nicht Gott gegenüber. Die Religion würde die Menschen vereinen, obwohl jeder seine individuelle Ausformung von Religion hat.»

Vom sinnlichen Erleben zur Sinnhaftigkeit

Sinnstiftung geschieht nicht nur durch die Entwicklung ethischer Ideale. Das Leben wird als sinnvoll erlebt, wenn sinnliche Erfahrungen möglich sind. Wo das eigene leibliche Sein im sozialen und ökologischen Kontext konkret erfahren wird, wo mit allen Fasern des Körpers erlebt werden darf und diese Erlebnisse mit den Mitmenschen und der Umwelt in Zusammenhang gebracht werden können, vernetzen und verankern sich Erfahrungen: Es entstehen Bedeutungszusammenhänge, die Welt erscheint Sinn-voll. Vermittelt werden sinnstiftende, vernetzende Erlebnisse durch Naturerfahrungen, soziales Miteinander und die Spielfähigkeit.

Naturerfahrungen können Menschen mit ihrer Leiblichkeit in Kontakt bringen und ihnen bewusst machen, wie sehr die Dinge und die Lebewesen miteinander verbunden sind. Wie wichtig dies für Jugendliche ist,

zeigt sich in den Beschreibungen ihrer Fantasy-Religionen, in denen Naturerfahrungen häufig eine zentrale Rolle spielen: «Man muss nur den Rhythmus dieser Kraft (der Sonne) spüren und sich treiben lassen. Und sich nicht dagegen stellen oder ihn überhören. Das ist unsere Aufgabe, damit wir funktionieren, dass die Welt funktioniert. Es gibt ein wichtigstes religiöses Gesetz: Man muss diese Kraft durch seinen Körper lassen, soll ihr nicht den Weg versperren.» «Die Menschen sind überzeugt, dass jeder, der tötet, einen Teil seiner eigenen Seele tötet. Egal ob Mensch oder Tier.» «Aufgrund der gesunden und rücksichtsvollen Einstellung der Planetenbewohner würden sie durch eine immer schöner werdende Natur belohnt. Vor mir schwebt ein Bild mit Pflanzen, Tieren und Farben, die noch nie zuvor gesehen wurden …»

Auch das soziale Miteinander ist den Jugendlichen sehr wichtig. Der flexiblen Ethik entspricht eine tolerante Haltung, die in den Aufsätzen der Zürcher Maturaklasse zur Geltung kommt: «Damit die Religion solidarisch wäre, müsste sie sich intensiv mit dem Weltgeschehen auseinandersetzen, bei Problemen nach Lösungen suchen. Sie sollte für alle Menschen da sein.» «Die Religion würde weder Frauen unterdrücken noch bestimmte Gruppen (wie z. B. die Homosexuellen) ausgrenzen. Ausserdem wäre die Religion nicht so starr, sondern jeder Mensch könnte sich seine Ansichten so festlegen, wie er es für richtig hält, und die verschiedenen Menschen wären trotzdem miteinander verbunden.»

Sozialer Austausch hat auch mit Spielfähigkeit zu tun. Nicht umsonst spricht man von gesellschaftlichen Spielregeln oder von Rollen, die wir im Leben spielen. Eine spielerische Haltung, die nicht mit Mangel an Ernsthaftigkeit zu verwechseln ist, kann in Alltagssituationen zu mehr Entspannung führen.

Sinnenfrohe, innige, spielerische Erlebnisse, welche nicht starr vordefiniert sind, lassen die Fülle des Lebens erfahren. Sie lehren das Staunen und spannen so eine Brücke zu Spiritualität und Glauben: «In der Religion gäbe es Bräuche und Feste mit viel Tanz, Musik und Fröhlichkeit …» «Auch ein gewisser Anteil an Riten, Festen etc. ist wichtig. Sie dürfen jedoch keinen zu grossen Stellenwert haben, da sie die Religion auch leblos machen können.»

Ein Glaube, der sich an der Welt orientiert

Mehr leben als funktionieren … Die Aufsätze der Zürcher Maturaklasse lassen vielleicht ahnen, was sich heutige Jugendliche von Religion erhoffen: Sie soll lebensbejahend und realitätsbezogen sein – mit sozialer und ökologischer Ausrichtung, mit Festen und Sinnenfreude. Und mit einer Ethik, die kulturübergreifende Werte vertritt in einer vielfältigen Gesellschaft: «Die Religion würde die Menschen vereinen, obwohl jeder seine individuelle Ausformung der Religion hat. Die Menschen wären verantwortungsvoll gegenüber ihren Mitmenschen und ihrer Umwelt.» Die von den Jugendlichen erträumte Religion wäre eine Religion der Einheit durch Vielfalt. Die Zürcher Jugendlichen, die über Fantasy-Religionen und irgendwie auch über sich geschrieben haben, sind auf pragmatische Weise spirituell: Glaube muss realistische Erfolge zeitigen – keine Wunder, sondern ein tolerantes, lebensbejahendes und sinnstiftendes Miteinander. Ohne heile Welt vorzuspielen. Vielleicht wäre das schon Wunder genug.

EIN SONNTAG IM LEBEN
EINER MINISTRANTIN
Werner Latal

In langen, hellen Gewändern formieren sich die Jugend-lichen beim Ausgang zur Sakristei zum feierlichen Einzug in die Kirche. Vorne steht Philipp mit dem Vortragekreuz, dann folgen Cyril, Christoph, Remy und Rajko, jeder mit einer Kerze in den Händen. Hinter ihnen stellt sich Annika auf. Sie trägt den Weih-rauchkessel. Ihr Bruder Moritz steht mit dem Weihrauchbehälter neben ihr. Den Abschluss bildet der Vikar, in rotem Messgewand mit roter Stola. Es ist Pfingsten, eines der Hochfeste der katholischen Kirche.
Wenige Minuten vor 10 Uhr setzt sich der Zug in Bewegung. Der stürmische Wind lässt Haare und Gewänder flattern. Um die Kirche herum geht es auf den Kirchenvorplatz. Die Gruppe hält vor dem Portal an. Eine Kerze ist verlöscht und muss nun im Wind wieder angezündet werden. Der Diakon, ebenfalls in rotem Messgewand, tritt hinzu. Die Glocken, die den Pfingstgottesdienst eingeläutet haben, verklingen. Die Ministranten und die Zelebranten ziehen in die Kirche ein, die Schola singt einen gregorianischen Choral.

Ein freier Entscheid

Annika ist 18 Jahre alt und nun schon seit acht Jahren Ministrantin: «Ich stamme aus einer praktizierenden katholischen Familie; doch Ministrantin zu werden, war mein freier, unbeeinflusster Entscheid.» Annika besucht das Gymnasium im Internat Disentis, wo auch ihr drei Jahre jüngerer Bruder Moritz zur Schule geht. Sie wird nächstes Jahr die Matura machen. «Ich möchte danach Humanmedizin studieren.» Sie fügt hinzu: «Jetzt über Pfingsten bin ich nicht im Internat, sondern zu Hause, so kann ich wieder einmal in meiner Pfarrkirche ministrieren.»

Vor einem Jahr, am Pfingstmontag, ist Annika selbst gefirmt worden. «Das war für mich ein sehr eindrückliches, bewegendes Erlebnis», erinnert sie sich. «Jeder der Firmlinge hat für sich ein Firmversprechen gestaltet und dann während des Gottesdienstes vorgetragen.» Annika zeigt ihr Firmversprechen, das sie vor einem Jahr abgelegt hatte:

«Die Firmung ist für mich ein wichtiger Schritt in meinem Leben, der mir sehr viel bedeutet. Ich empfange den Heiligen Geist, den bereits die Apostel am ersten Pfingstfest der Kirchengeschichte empfangen haben. Dadurch verbinde ich mich fester mit Christus und werde tiefer verwurzelt in meiner Gotteskindschaft. Der Heilige Geist wird mir auch die nötige Kraft verleihen, um als Zeugin Christi in der Welt einzustehen; in schwierigen wie auch in besseren Zeiten. Denn durch die Firmung empfange ich das geistige Siegel des Heiligen Geistes, was mir für immer eingeprägt sein wird.

So darf ich darauf vertrauen, dass er im richtigen Moment hinter mir steht und mir hilft.

Wissen zu dürfen, dass ich eine solche Kraft von Gott geschenkt bekomme, ist eines der schönsten Geschenke, welches ich je empfangen darf.»

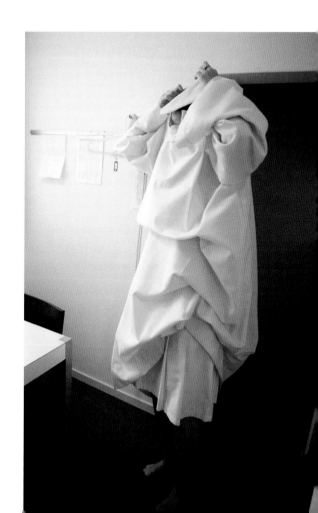

Vorbereitungen

Zurück zum Morgen des Pfingstsonntages: Eine Stunde vor Beginn des Gottesdienstes bereitet der Vikar in der Sakristei die Messe vor. Er übt die Gesänge ein, legt sich das Messbuch bereit und unterhält sich mit dem ersten schon anwesenden Ministranten. Dann kommt Annika, ganz junge Dame, jugendlich elegant und beschwingt durch die Kirche in die Sakristei. Sie ist die Älteste in der Ministrantengruppe. Während die inzwischen ebenfalls eingetroffenen 11–15-Jährigen miteinander ausgelassen «rumalbern» und spielen, steht sie ruhig daneben und spricht mit ihrem Bruder Moritz.

Dann ruft der Vikar alle zur Probe zusammen. Zuerst teilt er allen ihre Rollen zu: Annika bekommt den Weihrauchkessel, Moritz den Weihrauchbehälter, der auch «Schiffchen» genannt wird; Philipp, einer der grösseren Ministranten, wird das Kreuz tragen, die vier anderen Jungen bekommen je eine Kerze. Der Vikar legt die Reihenfolge der Aufstellung fest und weist dann auf die Stellen in der Kirche, an denen anzuhalten ist. Der Einzug in die Kirche wird geübt. Nach einigen Korrekturen und Detailanweisungen geht der Vikar die Messe mit ihren Teilen durch, erklärt den Ablauf und weist die Ministranten ein. Auch der Auszug wird probehalber durchgespielt. Schliesslich treffen sich alle wieder in der Sakristei. Für Annika war das alles nichts Neues – sie hat schon öfter an einem Hochamt ministriert und kennt den Ablauf gut.

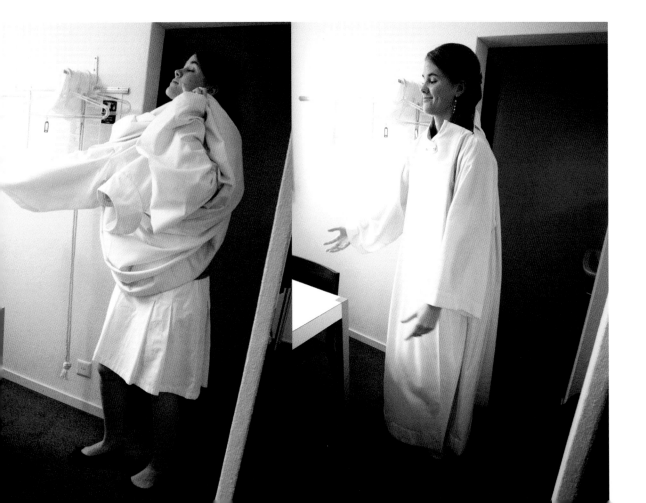

Doch ganz selbstverständlich hat auch sie sich mit allen anderen einweisen lassen, denn es geht ja auch darum, dass die ganze Gruppe gut zusammenspielt.

Zwanzig Minuten vor zehn Uhr beginnen sich die Jugendlichen anzukleiden. Für jeden wird ein Gewand, die Albe, in passender Länge herausgesucht. Annika holt sich das längste, sie ist ja auch die Grösste von allen. Auf einmal wird aus der jungen, modisch gekleideten Dame eine feierlich wirkende Ministrantin mit langem, weissem Gewand, das um die Taille mit dem Zingulum, einem einfachen weissen Strick, zusammengehalten wird. Auf der Brust hängt ein modernes Kreuz an dünnem Band. Annika und allen anderen ist die Konzentration auf die bevorstehende Aufgabe anzusehen; die Ministranten, die vorhin noch ausgelassen waren, werden merklich ruhiger, die Gespräche verstummen, es tritt eine eigene, nicht zu beschreibende Stille ein. Annika und Moritz gehen in einen Nebenraum, wo der Sakristan ein Stückchen Kohle anzündet und in den Weihrauchkessel legt. Nun werden die vier Kerzen angezündet, und alle stellen sich in der geprobten Reihenfolge vor der Sakristei auf.

Die Pfingstmesse

Mit dem Einzug in die Kirche beginnt das Hochamt zur Erinnerung an Pfingsten, das im Neuen Testament beschriebene Wunder, bei dem die Jünger den Heiligen Geist empfangen haben. Die Schar der Ministranten gibt diesem Gottesdienst Würde und Feierlichkeit und einen Hauch von Frische und Jugend, Freude und Zukunft. Jeder kennt seine Aufgabe und erfüllt sie mit Ernst, sichtbarer Hingabe und Aufmerksamkeit. Annika hat dafür zu sorgen, dass die Kohle im Weihrauchkessel immer in nötiger Intensität glimmt. Nachdem der Vikar ein paar Weihrauchkörner aufgelegt hat, übernimmt er das rauchende Gefäss von Annika und trägt es, indem er es rhythmisch hin und her schwingt, zum Kreuz und um den Altar. Weihrauchwolken steigen auf und erfüllen den Kirchenraum mit unverwechselbarem Duft.

Wie an Hochfesten üblich, ist die Verkündigung des Evangeliums auch in diesem Pfingstgottesdienst besonders feierlich. Nachdem der Diakon das Buch der Evangelien zum Ambo, dem Lesepult, getragen und mit Weihrauch geehrt hat, verliest er aus dem Evangelium nach Johannes jene Passage, in der von der Spendung des Heiligen Geistes an die Jünger berichtet wird. Die vier Ministranten stehen mit ihren Kerzen dabei, Annika mit dem Weihrauchkessel hinter dem Diakon.

Während der Wandlung bewegt Annika nun selbst sanft und mit ruhiger Sicherheit den Weihrauchkessel. Es ist erkennbar, dass es nicht das erste Mal geschieht. Anschliessend verlassen sie und Moritz die Kirche in Richtung Sakristei, um dort Weihrauchkessel und «Schiffchen» abzugeben. Danach setzen sie sich zu den anderen Ministranten in die erste Bankreihe der Kirche. Man spürt, wie nahe sich Annika dem Messgeschehen und dem Ritual fühlt.

Nach Kommunion, Schlussgebet und Segensspendung entlässt der Diakon die Gläubigen in den Pfingstsonntag. Die Ministranten formieren sich zum Auszug aus der Kirche und warten auf den Vikar und den Diakon, bevor sie gemeinsam das Knie beugen und in feierlichem Zug durch die Reihen der Gläubigen hindurch auf den Ausgang zuschreiten.

Entspannung

In der Sakristei angekommen, entledigen sich alle sichtlich erleichtert ihrer Messkleidung, in der ihnen wegen der hohen Temperatur in der Kirche doch recht warm geworden ist. Die Spannung der letzten Stunde entlädt sich. Die Jugendlichen sind wieder zu Spässen aufgelegt und diskutieren mit dem Vikar, der ihnen in Form einer Manöverkritik für das nächste Mal Anregungen und Anweisungen erteilt.

Von der Sakristei gehen der Diakon, Annika und Moritz über eine steile Treppe hinauf zum Pfarrhaus, das erhöht hinter der Kirche liegt. Im Besprechungszimmer wird das Fenster weit geöffnet, frische Luft zieht durch den Raum und bringt die ersehnte Abkühlung. Annika hat beim Fenster Platz genommen. Sie erzählt von ihrer Ministrantenausbildung: «In einem Kurs bin ich auf meine Aufgabe als Ministrantin vorbereitet worden. In der Ministrantenausbildung sind die sogenannten Oberministranten wichtig, jene, die bereits über einige Erfahrung verfügen. Sie betreuen die Neulinge und stehen ihnen bei, wenn sie unsicher werden. Unterdessen habe ich selbst viel Erfahrung, denn seit damals ministriere ich regelmässig.» Annika freut sich, dass das Ministrieren in ihrer Pfarrei offenbar attraktiv ist: «Wir sind nun schon bald sechzig. Die letzte Werbeaktion des Vikars in seinem Religionsunterricht hat zwölf Jugendliche motiviert, sich zum Kurs zu melden.»

Dann erzählt sie, dass sie in den Gottesdiensten oftmals anspruchsvollere Aufgaben zugewiesen bekommt. «Seit ich in Disentis in der Schule bin, ministriere ich aber eher selten. So konnte ich bei der Firmung, die dieses Jahr in der Pfarrei schon ein paar Wochen vor Pfingsten stattgefunden hat, leider nicht dabei sein.» Sehr präsent ist ihr ihre eigene Firmung: «Vor wenigen Tagen, ein Jahr nach meiner Firmung, habe ich meine Firmkerze angezündet und mein Firmversprechen für mich nochmals durchgelesen.»

Ministrantin sein zu können, hat für Annika eine ganz persönliche Bedeutung: «Gott und Christus in der Messe dienen, das ist mir das Wichtigste. Zudem schaffen die Ministranten auch einen feierlichen Rahmen für den Gottesdienst. Dieser soll durch Ritual, Gesang und Weihrauchduft die Herzen der Menschen erfreuen und in den Alltag ausstrahlen.»

Dann ergänzt sie: «Das Christin-Sein habe ich sozusagen mit der Muttermilch aufgesogen, es ist für mich ein selbstverständlicher Teil von mir. Durch Veranstaltungen wie den Weltjugendtag in Köln, wo ich den Papst treffen durfte, die Jugendgebetsnacht und Feiern in der Klosterschule vertieft sich mein Glaube immer mehr. Ich fühle mich im Glauben verankert.»

Dann tritt Annika aus der öffentlichen Sphäre der Kirche wieder zurück in die private Sphäre der Familie, aus der sie am Morgen froh und beschwingt gekommen war. So privat, wie der Sonntag im Leben einer Ministrantin begonnen hat, so privat endet er auch.

GOTHIC IST MEHR ALS NUR SCHWARZE KLAMOTTEN»

KLEIDUNG IM SCHATTEN UND IM LICHT
Denise Perlini-Pfister

Es ist Nachmittag, auf einem Friedhof. Die Sonne strahlt und taucht den Ort in helles Licht. An die Kappellmauer lehnen sich drei Gestalten. Sie suchen den Schatten des Gebäudes, denn es ist ihnen heiss in ihrer schwarzen Kleidung. Zusammen bilden sie einen dunklen Gegenpol, um den die Welt in verschiedenen Farben leuchtet. Mit dem Schatten verfliessen schwarze Hosen, schwarze Röcke, schwarze Haare. Auffallend ist sie, die Farbe Schwarz, an allen drei Gestalten, und welch ein Kontrast zu dem gleissenden Sonnenlicht!

Über Geburt und Tod

«Schwarz ist das Bekenntnis zur Szene. Gothic-Sein hat nichts mit schwarzen Klamotten zu tun. Nur wenn man es zeigen will, dann trägt man schwarz. Gothic-Sein ist eine Mentalität. Diese Mentalität hat eine Ausdrucksform, und das ist schwarz», erläutert T. selbstbewusst sein Erscheinungsbild. Für den 20-Jährigen ist Schwarz weit mehr als nur eine Farbe; sie ist äusserer Ausdruck seiner inneren Lebenseinstellung, Zeichen dafür, ein Gothic zu sein. Empört wehrt sich T. gegen eine Reduktion des Gothic-Seins auf schwarze Kleidung. Ein Gothic zu sein, ist für T. eine Lebensart und nicht ein Modetrend. Gothic bedeutet für ihn persönlich, «mit dem Leben, mit dem Tod, mit sich selbst und mit den Leuten zurechtzukommen».

Für die 18-jährige Arwen ist schwarze Kleidung längst ein Teil ihres Alltags geworden: «Die schwarzen Kleider sind für mich ganz gewöhnlich. Ein anderer Mensch sieht das anders. Der denkt vermutlich, dass ich jetzt finster angezogen sei.» Gemeinhin gilt Schwarz als finster und düster; im christlich-abendländischen Kulturkreis ist es seit dem 13. Jahrhundert mit der Trauer und dem Tod verbunden. «Wenn man an eine Beerdigung geht, dann ist man ja schwarz angezogen», erklärt Arwen kurz und bündig. Sowohl T. wie auch Arwen räumen dem Tod bewusst einen Platz ein. Tod und Leben sind für sie untrennbar miteinander verknüpft. Mit ihrer Kleidung stellen sie sich – und der Welt – diese Tatsache vor Augen. «Bei der Geburt freut man sich, beim Tod ist man traurig. Aber eigentlich könnte man ja schon bei der Geburt weinen, denn der neugeborene Mensch wird mit Sicherheit sterben», philosophiert Arwen. Dennoch wird im Schatten der Friedhofskapelle gelacht und gescherzt. Es sind keine zu Tode betrübten Menschen, die dort sitzen. Dem Tod wird Respekt gezollt, doch die Lebenslustigkeit der Jugend geht nicht verloren. Vehement hält Arwen fest: «Wir in der Szene wollen nicht tot sein, sondern wir sind mit dem Tod verbunden.» Der Tod wird als integraler Teil des Lebens akzeptiert, herbeigesehnt wird er jedoch nicht. Mit dieser Haltung gegenüber dem Tod reihen sich die Gothics in eine europäische Tradition ein, die unter dem Ausdruck *memento mori* – in etwa «gedenke des Todes» – bekannt ist.

Sprühkleber oder Zuckerwasser – Schlafkissen oder Staubsauger

Manchmal ärgert sich Arwen darüber, dass ihr andere Menschen nachschauen und hinter ihrem Rücken tuscheln. Sie macht auf ein interessantes Phänomen aufmerksam: «Es gibt auch Bankmenschen und Sekretärinnen, die schwarz herumlaufen. Nur wird dann ihr Kleidungsstück als elegant angesehen, aber es bleibt schwarz.» Tatsächlich ist Schwarz in der christlich-abendländischen Gesellschaft eine kulturell bedeutungsvolle, aber auch allgemein eine viel getragene Farbe. So kleidet sich der Dorfpfarrer in ein Klerikalschwarz, der Anwalt bei Gericht in ein Amtsschwarz, und das Topmodel läuft in Modeschwarz über den Laufsteg. Schwarz kann heute überall und immer getragen werden.

Und doch fallen diese drei Jugendlichen auf, nicht nur durch die Farbe Schwarz. Bewusst wird die Andersartigkeit gepflegt und inszeniert. T. lebt ganz für die Gothic-Szene. Imposant sieht er aus, wie er da an der Kappellmauer lehnt. Seine Frisur ist ein kleines Kunstwerk und auch sein ganzer Stolz. T. trägt einen Irokesenschnitt, auch Iro genannt. Viel Zeit wird für einen perfekt hochgestellten Iro benötigt, mindestens eine halbe Stunde. Mittels eines extrem starken Haarsprays mit der treffenden Bezeichnung Sprühkleber oder mit Zuckerwasser wird das Haar fixiert. Doch die Kunst liegt im Aufstellen der Haare. «Bei meiner jetzigen Haarlänge gelingt es mir noch von Hand, den Iro zu stellen.» Je länger die Haare, desto schwieriger wird es aber. Zwei Tricks für lange Haare verrät T.: «Du legst die Haare über ein Kissen und sprühst sie voll.» Diese Variante hat aber einen Schönheitsfehler. Die Frisur nimmt die Rundung der Kissenform an. Für einen wirklich gerade hochgestellten Iro wird die Saugkraft eines Staubsaugers benötigt. Verschmitzt sagt T.: «Doch dafür nimmst du besser nicht den Staubsauger der Mutter.» Seine graue Weste und sein bodenlanger, schwarzer Rock passen durch den Schnitt, der an den einer Uniform erinnert, perfekt zusammen. Von Kopf bis Fuss will T. gestylt sein, denn nur ein stimmiges Gesamterscheinungsbild zählt. «Etwas Schweres unten muss es bei diesem Outfit schon sein», unterstreicht der junge Mann diesen Anspruch, und so rundet er das Bild mit Schweizer Militärstiefeln ab.

Es ist ungewohnt, im Schatten die Silhouette eines Mannes in einem Rock zu sehen. Gerne tanzt T. in diesem Kleidungsstück, denn so öffnet sich ihm als Mann eine andere Erfahrungswelt: «Ich trage sehr gerne Röcke. Sie sind sehr bequem und gemütlich. Und der Rock an einem Mann ist eine leichte Distanzierung von dem, was man gelernt hat. Es hat immer geheissen: Frauen, Männer und fertig.» In der Gothic-Szene durchbrechen vor allem die Männer die gängigen Geschlechterbilder. Nicht nur die Frauen in ihren langen eleganten Gewändern oder in ihren sexy Miniröcken wirken äusserst weiblich, sondern auch die Männer in ihren körperbetonten Netzoberteilen und langen Röcken. Während die Gothic-Frau ihre feminine Seite hervorhebt, spielt der Gothic-Mann mit seiner weiblichen Ader. So schmücken Männer jeden Finger der Hand mit Silberringen, umranden die Augen mit schwarzem Kajal und tragen eng geschnürte Korsette. Aufseiten der Frau sind die Grenzen der Geschlechter meistens klarer gesetzt. So sagt Arwen: «Ich habe noch fast keine Frau gesehen, die an einer Party Hosen angehabt hat. Die Frauen tragen alle Röcke, ob kurze oder lange.»

Barocke Highsociety

Nahe sitzen DJ Dracul und seine DJ Lady Elisabetha zusammen. Sie könnten aus Bram Stokers Dracula entstiegen sein, nicht nur den Namen nach. Der Anblick ihrer historisierenden Kostüme gibt Anlass zu nostalgischen Schwärmereien: Edle Damen und Herren tanzen auf opulent dekorierten Bällen in ehrwürdigen Schlössern, deren hohe Hallen von kristallenen Kandelabern erleuchtet sind. Uwnd dort im flackernden Licht könnte sie stehen, DJ Lady Elisabetha, so wunderbar passend gekleidet für einen romantischen Abend der Highsociety der letzten Jahrhunderte. Wenn DJ Lady Elisabetha nicht gerade hinter einem Mischpult

steht und Musik für eine Gothic-Party auflegt, nennt sie sich Niniël. «Ich bin eine Gothic. Innerhalb der Szene gibt es manche, die bezeichnen mich als Old-School-Gothic», erklärt Niniël. Dabei hat dieser Begriff nichts mit ihren 21 Jahren zu tun, sondern ist auf ihren Kleidungsstil zurückzuführen. «Old-School-Gothics laufen in schönen Kleidern herum. Die Frauen kleiden sich in Röcke. Die Männer tragen lange Mäntel, bestickte Gilets, Rüschenhemden und edle Hosen», beschreibt Niniël das typische Aussehen eines Old-School-Gothic. Die Faszination für solche Kostüme hat sie in die Gothic-Szene geführt: «Ich bin schon immer ein Fan gewesen von Rittern und Burgfräuleins und habe diese Kleider sehr gerne gehabt. Als ich dann gemerkt habe, dass ich diese Kleider auch wirklich tragen kann, tat ich es. So bin ich in die Szene gekommen.» Später hat sie ihre Liebe zur Gothic-Musik entdeckt. Eine Freundin hat Niniël die ersten CDs ausgeliehen, und bis heute entdeckt sie immer weitere Facetten der in viele Stile verzweigten Gothic-Musik. Niniël verortet die Vorbilder ihrer Kleidung hauptsächlich in Mittelalter, Barock und Rokoko. Auch der Renaissance misst sie einen gewissen Einfluss bei. Niniël trägt keine originalgetreuen Kopien, ihre Kleidung ist vielmehr historischen Kostümen aus diesen verschiedenen Epochen nachempfunden. Edel will der Old-School-Gothic sein, ja sogar adlig. «Auf jeden Fall spielen wir den Adel nach. Es hat natürlich auch etwas Erhabenes an sich», gibt Niniël unumwunden zu. Auch die Materialien der Kleidung tragen zum edlen Aussehen der Old-School-Gothics bei. Die Kleider sind aus Stoffen geschneidert, die ehemals höchst kostbar waren. Seide und Tüll knistern, und Samt umspielt weich den Körper. Die langen Ärmel und tiefen Ausschnitte sind verschwenderisch mit schwarzer Spitze umrandet.

Beleuchtete Details

Arwen, Niniël und T. treten aus dem Schatten der Friedhofskapelle in das Sonnenlicht, wo die Fotografin wartet. Plötzlich blitzen Piercings an einem Ohr auf. Ringe in Form von Totenköpfen und Vampirkrallen leuchten in der Sonne. Ein fein ziseliertes Kreuz glitzert. Die schwarzen Gestalten lösen sich in einer Flut von kleinen und feinen Details auf. Arwen, Niniël und T. sind individuell zurechtgemacht, trotz aller Uniformität der Farbe Schwarz. Unter die Schnürung von Arwens Korsett ist ein schwarzer Stoff mit rotem Rosenmuster eingearbeitet. Fällt das Sonnenlicht durch ihren leichten Umhang, dann überzieht ein feines Netz von Spinnenweben das Tuch. Kunstvoll gebundene seidene Stofflaschen halten ihren Umhang zusammen, und fingerlose Handschuhe aus Netzspitze zieren ihre Hand. Details, wohin das Auge blickt; schlussendlich gibt es weit mehr als nur die Farbe Schwarz an der Gothic-Kleidung zu entdecken. Keck wedelt sich Niniël kühle Luft mit einem Spitzenfächer zu, während sie in der gleissenden Sonne steht. Ihre silbernen Ohrringe spiegeln in der Sonne. Zwei davon haben die Form französischer Lilien und einer diejenige eines Sargs. Dieser Sarg ist eine Hommage an eine Verstorbene, an eine Person, die in ihrem Leben eine wichtige Rolle gespielt hat. Auch bei der Gothic-Kleidung sind gewisse Details persönlich und haben eine je individuelle Bedeutung.

Während des Fotografierens kehren die drei immer wieder in die Kühle des Schattens zurück. «Na, ja. Unsere Kleidung ist nicht für das Sonnenlicht gedacht», sagt T. lapidar und wischt sich den Schweiss von der Stirn. Bei allen dreien ist die Kleidung schwarz, und doch sind es nicht einfach drei schwarze Gestalten, die an der Kappelle lehnen, sondern Arwen, Niniël und T. – drei individuell gekleidete Jugendliche der Gotic-Szene.

«...VERTRAUEN, DASS GOTT FÜHRT»

DIE FRAGE NACH DEM SINN DES LEBENS *Philipp Wenk*

«Mich in eine Kirche bringen, das konnte Gott nur durch eine Frau!» Der 21-jährige Tom leistet zurzeit Zivildienst und möchte sich danach zum Sozialpädagogen ausbilden lassen. Vor drei Jahren hat sich, so formuliert er es, sein Verständnis vom Sinn des Lebens radikal verändert: «Ich habe den Unterschied zwischen *Leben* und *Existieren* erfahren.»

Gameboy und Kollegen

Toms Kindheit verlief ziemlich «normal». Er wuchs gemeinsam mit einer zwei Jahre jüngeren Schwester auf, unternahm viel mit seinen Kollegen im Quartier und trat mit sechs Jahren in den Fussballclub ein. Seine Eltern und der Religionslehrer vermittelten ihm, dass es einen Gott gebe: «Doch was genau dieses höhere Wesen sei, konnte ich mir nicht richtig vorstellen.» Jedenfalls schenkte ihm Gott keinen Gameboy, als er ihn darum bat.

Auch noch als Jugendlicher glaubte Tom, dass es einen Gott gibt. «Aber mit meinem Leben hat das nichts zu tun gehabt.» Dafür wurden für Tom die Mädchen immer interessanter. Doch seine Schüchternheit habe den Umgang mit ihnen stark eingeschränkt. «Selber die Initiative zu ergreifen, wagte ich nicht», erinnert er sich selbstkritisch, «und so war ich auf meine Kollegen und ihre Vermittlungskünste angewiesen.» Komplizierter wurde es für ihn, als sich seine Interessen und die der Freunde immer weiter auseinander entwickelten: «Für Rumhängen und Partys konnte ich mich jedenfalls gar nicht begeistern.»

Er fühlte sich öfters einsam, und so wurde der Wunsch nach einer Freundin und nach guten Freunden immer stärker. Lange Zeit blieb er eine treibende Kraft in Toms Leben. Weder Fussball noch der Erfolg in der Lehre als Chemielaborant vermochten seinen Wunsch – oder das Gefühl, dass ihm etwas fehlte – zu besänftigen.

Verliebt

In den Weihnachtsferien vor drei Jahren luden ihn zwei Cousins ein, die Skiferien mit ihnen zu verbringen. Sie und ein paar andere mieteten für eine Woche eine Berghütte. Tom sagte zu – vielleicht würde er dort endlich seine Traumfrau kennen lernen! Und tatsächlich lernte er eine Frau kennen. «Am Anfang war ich ihr gegenüber noch sehr kritisch! Doch je mehr Zeit ich mit ihr verbrachte, umso mehr war ich von ihr bezaubert. Sie strahlte eine unglaubliche Lebensfreude aus, lachte immerzu und beeindruckte mich mit ihrer offenen Art. Schon damals war mir bewusst, dass an dieser Frau etwas anders war. Aber meine Schüchternheit …!» Und so blieb es bei der Bewunderung, von der niemand ausser Tom etwas wusste. Wieder zu Hause angekommen, fasste er sich ein Herz und schrieb seiner Angebeteten eine SMS. Hier schmunzelt Tom bei seiner Erzählung: Die «schnulzige Variante» sei zum Glück nicht angekommen. Er habe sich bei der Nummer vertippt. Der zweite Versuch sei dann gemässigter ausgefallen. Er lud sie einfach dazu ein, gemeinsam etwas zu unternehmen. Sie sagte zu und schlug vor, zusammen mit ein paar Freunden einen Gottesdienst des ICF, des *International Christian Fellowship*, zu besuchen.

Nach dem Selbstverständnis der Organisation und ihrer Verantwortlichen handelt es sich beim ICF um eine überkonfessionelle Freikirche auf biblischer Grundlage, hinter der die Idee steht, Kirche für die Menschen wieder dynamisch, lebensnah und zeitgemäss zu gestalten – so die Selbstdarstellung auf der entsprechenden Website www.icf.ch. Auf dieser Site erhält man auch einen groben Überblick über die Vielfalt der Veranstaltungen: von Gottesdiensten – Celebrations genannt – für jede Altersgruppe über spezielle Events wie Camps und Reisen bis hin zu Kleingruppen und entsprechenden Leiterausbildungen. «Als ich diesen Vorschlag hörte, war ich zunächst gar nicht begeistert. Mit dem Wort *Kirche* verband ich bislang Begriffe wie *alt*, *langweilig*, *trocken* und *steif*.» Dennoch ging Tom mit. Und in der Celebration merkte er dann, dass es sich dabei offenbar um ein Angebot handelt, das ganz speziell auf junge Leute ausgerichtet ist. Im Rückblick kommen bei Tom sehr positive Erinnerungen auf: Die ICF-Besucher – alles Leute in seinem Alter – und sogar der Prediger in seinem zerknitterten Hemd und der Baseballmütze beeindruckten ihn, obwohl er gleich zu Beginn die Evolutionslehre kritisierte: «Als Chemielaborant fand ich dies sehr eigenartig.» Doch die freundschaftlich vertraute Art, in der die Leute miteinander umgingen, der direkte Bezug zum Leben, der in der Predigt und den Liedern herüberkam: «So etwas hatte ich mir immer schon gewünscht.» Von da an besuchte Tom den ICF öfter – zu Beginn vor allem wegen seiner attraktiven Begleiterin und der neu gefundenen Freunde, mit der Zeit aber vermehrt auch wegen der Predigten und Lieder. «Zunehmend fragte ich mich: Was wäre, wenn es tatsächlich stimmte, was der Prediger erzählt?» So bekam Gott nach langer Zeit neue Bedeutung in Toms Leben.

Schock

Tom fühlte sich am Ziel seiner Träume angekommen. Er habe alles bekommen, was er sich schon immer gewünscht hatte: eine hübsche Freundin, der er im passenden Moment dann seine Liebe gestehen wollte, gute Freunde und eine Gemeinschaft, die ihn herausforderte, über Gott und die Welt nachzudenken. Doch es kam anders als geplant.

Eines Tages erhielt er eine Mail von seiner Angebeteten: Sie habe endlich den Mann ihres Lebens gefunden! Er fühlte sich gleich doppelt geschlagen: Nicht nur dass sein Traum von einer Beziehung mit ihr wie eine Seifenblase zerplatzte – ihr Traummann war auch noch Toms bester Freund! Die folgende Zeit empfand er als sehr hart. «Aber in den ICF wollte ich trotzdem weiterhin gehen.» Unterdessen nämlich war er überzeugt von der Existenz Gottes: «Über ihn wollte ich noch mehr erfahren, und die anderen Freunde meiner Gruppe konnte ich auch nicht verlassen.» So kam es, dass Tom beinahe täglich miterleben musste, wie ein anderer die Beziehung führte, die er sich selbst so sehr gewünscht hätte.

Nach einem gemeinsamen Wochenende in einer Berghütte fühlte er sich am Ende. Als er wieder zu Hause war, sei es zu seinem ersten grossen Gebet gekommen. Er habe Gott mit Schimpf und Schande belegt: «Das kann doch nicht sein! Du hast mir alles gegeben, was ich mir wünschte, und jetzt nimmst du mir alles wieder weg! Wieso?» Plötzlich aber, so berichtet Tom, konnte er nicht mehr weitersprechen. Er fühlte, dass Gott sich im Raum befand und zu reden begann – nicht akustisch, aber dennoch klar und verständlich: «Hey Tom, du musst nicht für dich selber schauen. Ich schaue für dich, ich schaue schon, dass es für dich gut herauskommt.» Er spürte eine unbeschreibliche Erleichterung, begann zu weinen und entschuldigte sich bei Gott für die Reklamationen. «Die nächsten drei Tage hat mich ein Hochgefühl begleitet», erinnert er sich. Da endlich habe er sich mutig genug gefühlt, seiner Angebeteten in einer Mail alles zu berichten. Mit der Zeit klärten sie die Situation zu dritt. Heute noch, drei Jahre danach, sind sie gut befreundet und gemeinsam in der Jugendarbeit der evangelischen Gemeinde in Bremgarten tätig.

Neue Perspektive

Aufgrund dieser Erfahrung ist Tom überzeugt, dass «es jemanden gibt in meinem Leben, der mehr zu sagen hat als ich, weil er es einfach besser weiss». Deshalb versucht er seit damals, Gott sein Leben bestimmen zu lassen. «Es läuft einfach besser so.» Bibellesen, versuchen, seine Mitmenschen zu lieben, spazieren und auf Gott hören, beten – «das alles sind für mich Mittel, mit denen ich versuche, Gott in meinem Leben zum Zug kommen zu lassen».

Seine neue Blickweise möchte er auch den Jugendlichen seiner Gemeinde weitergeben. Er arbeitet beim Jugendgottesdienst mit und trifft sich einmal wöchentlich mit einer Gruppe von etwa acht Jungs, um über einen gelesenen Bibeltext und die vergangene Woche zu diskutieren. Es ist ihm ein Anliegen, ihnen weiterzugeben, dass dies der Sinn des Lebens sei: «sich selbst aus dem Mittelpunkt des Lebens rausnehmen und Gott dort regieren lassen».

Er habe lange genug versucht, seinem Leben selber einen Sinn zu geben – Bemühungen, bei denen er nur immer trauriger geworden sei. Für Tom liegt der Sinn in einem Beziehungsgeschehen, das geprägt ist von Vertrauen und Loslassen. Da Gott Schöpfer sei, könne der Sinn des Lebens auch bei ihm gefunden werden: «Er ist es, der es mir ermöglicht, zu leben, statt bloss zu existieren.»

"ICH FÜHL MICH WIE EIN ENGEL DER IN DEN HIMMEL HOCHSTEIGT"

WIE JUGENDLICHE DEN DREHTANZ ERLEBEN

Romea Spörri

Donnerstagmorgen, 7.25 Uhr, eine Turnhalle und eine Schulklasse, 10. Schuljahr. Die meisten Schülerinnen und Schüler sind noch etwas müde, viele aber auch gespannt und neugierig. Einige melden, ihnen liege das Frühstück noch schwer im Magen, andere sind einfach glücklich und zufrieden. Alles wie immer? Nicht ganz. Denn statt Musik und Englisch steht in den nächsten drei Stunden Drehtanz auf dem Programm. Viel mehr wissen die Jugendlichen zu diesem Zeitpunkt nicht. Die wenigsten können sich unter Drehtanz etwas vorstellen. Einige haben den verwandten Begriff Derwischtanz schon gehört. Eine kann ihn sogar dem Islam zuordnen, zwei verweisen auf die Türkei. Ebenso viele kennen den Begriff ausschliesslich aus einem Computerspiel namens *Guild Wars*, bei dem Derwische eine Art Dämonen sind. Was alle wissen, ist, dass sie in die Technik des Drehtanzes eingeführt werden, Fragebogen ausfüllen müssen und dabei für ein Buch fotografiert werden.

Doch worum geht es genau? Ich bin Tänzerin, Tanzlehrerin und studiere Religionswissenschaft. Seit mehreren Jahren beschäftige ich mich mit dem Drehtanz, tanze, unterrichte und studiere ihn in der Schweiz, in Deutschland und vor allem in Ägypten. Es gibt verschiedenste Formen dieses Tanzes, der immer aus der endlosen Drehung um die eigene Achse besteht: Da sind zum einen religiöse Formen wie das *dhikr*-Ritual der als tanzende oder wirbelnde Derwische bekannten *Mevlevi*-Derwische. Diese gehen auf Dschalal ad-Din ar-Rumi (13. Jh.) zurück und bilden einen Orden im Sufismus, der mystischen Richtung des Islam. Auch im schamanischen Tanz wird das Drehen als eine Form praktiziert, sich in Trance zu versetzen. Daneben gibt es Showtanz-Formen, wie sie etwa in Ägypten zu den Touristenattraktionen gehören. Und im Esoterik- und New-Age-Bereich finden sich Kurse, die Selbstfindung und Migränefreiheit durch Drehen versprechen.

Von meinem Hintergrund her interessiert mich besonders der Schnittbereich von Tanz und Religion. Welche Gefühle löst das Drehen aus? Ist das Drehen an sich ein religiöser Akt? Wird es erst durch entsprechende Einführungen und eine religiöse Grundhaltung zu einem solchen? Oder sind es neurobiologische Prozesse, die Hormone freisetzen und damit religiöse Gefühle auslösen? Und wie erleben junge Menschen von heute das Drehen?

Um einige dieser Fragen zu beantworten, führte ich zwei Klassen, insgesamt 35 Jugendliche im Alter von 16–18 Jahren, in die physische Aktion des Drehtanzes ein. Ich erklärte ihnen, wie sie drehen und wie sie wieder stoppen können, und machte einige körperzentrierte Vorübungen mit ihnen. Danach liess ich sie sich bis zu zwanzig Minuten zu Trommelmusik drehen und befragte sie anschliessend schriftlich und mündlich über ihre Erlebnisse, Erfahrungen, Gefühle und Assoziationen. Die Antworten sind so individuell wie die Jugendlichen selbst; und doch gibt es Themen, die sich wie ein roter Faden durch fast alle Antworten ziehen.

Warme Hände, Übelkeit und der Verlust des Zeitgefühls

Die meisten Schülerinnen und Schüler berichten von extremer Wärme: Sie haben warme Hände, warme Füsse, Schweissausbrüche, und dies alles, ohne grosse physische Anstrengungen erbracht zu haben. Weitere körperliche Erfahrungen sind Schwindel und Übelkeit. Dabei zeigte sich, dass in derjenigen Klasse, die sich entspannter und interessierter auf das Dreherlebnis eingelassen hatte, kaum Übelkeit auftauchte. Nur einem einzigen Mädchen wurde es so schlecht, dass sie das Drehen vorzeitig abbrechen musste. Alle anderen drehten ohne Übelkeit und ohne Unterbruch mehrere Minuten; fast die Hälfte stoppte erst, als ich sie nach über zwanzig Minuten dazu aufforderte. Anders war das in der zweiten Klasse, die sich weniger auf das Drehen einliess: Hier klagten bedeutend mehr Jugendliche über Übelkeit, und viele hörten auch schneller mit dem Drehen wieder auf. Schwindel ist eigentlich kein Grund zum Abbrechen. Der Schwindel kommt bei den ersten paar Umdrehungen und wird danach nicht mehr bewusst wahrgenommen, denn das Hirn gewöhnt sich daran. Erst beim Stoppen meldet er sich wieder, dann ist es wichtig, mit den Augen etwas Ruhiges zu fixieren. Eine Schülerin formuliert das so: «Am Anfang wurde es mir leicht schwindlig, aber je länger ich es gemacht habe, desto besser ging es.»

Ebenfalls häufig erlebt wird ein Verlust des Zeitgefühls. Fast vier Fünftel der Jugendlichen berichteten, dass sie das Zeitgefühl während des Drehens mehr oder weniger verloren hätten. Auch bei der zweiten Klasse, die sich weniger konzentriert auf die Dreherfahrung eingelassen und anfänglich über Langeweile geklagt hatte, trat dieser Effekt ein. Eine Schülerin schreibt: «Die Zeit ging sehr schnell vorbei. Es war ein tolles Erlebnis.»

Der Verlust des Zeitgefühls ist ein typisches Merkmal von Trancezuständen. Und tatsächlich gab die Hälfte der Jugendlichen an, dass sie sich beim Drehen in einer Art Trance gefühlt hätten: «Es war ein unglaubliches Gefühl. Man hat alles wahrgenommen, aber irgendwie doch nichts. Es war so, als ob man in einer Trance ist, alles dreht sich, man sieht die Welt auf eine andere Art und Weise!» Eine andere beschreibt ihre Erfahrung so: «Ich fühlte mich wie in Trance, ich konnte fast nicht mehr aufhören; ich fühlte mich frei wie

ein Vogel – ein unbeschreibliches Gefühl.» Und wieder ein anderer formuliert: «Ein ungewohnt faszinierendes Gefühl. Als wäre man in Ekstase. Ähnlich wie beim Schwertkampf, in dem man alles um sich herum vergisst. Man wird zum Schwert, es ist, als würde man gar nicht mehr existieren, sondern einfach agieren, einfach eine grosse Leere im Kopf haben und sonst nichts.»

Institutionen, Glücksgefühle und Sufismus

Für die meisten der von mir befragten Jugendlichen bedeutet Religion etwas Starres, Institutionsgebundenes, mit dem sie selber nichts zu tun haben. Trotzdem geben 30 der 35 Schülerinnen und Schüler eine offizielle Religionszugehörigkeit an und fünf, dass sie diese Religion auch praktizieren. Doch nur eine Schülerin (sie gibt an, ihre Religion aktiv auszuüben) fühlte sich beim Drehen ein klein wenig mit Gott

verbunden. Ob diese Verbundenheit nun am Drehen liegt oder, ob sie sich immer mit Gott verbunden fühlt, lässt sich allerdings nicht sagen, denn auch sie schreibt, dass das Drehen für sie nichts mit Religion zu tun habe. Nur eine einzige Jugendliche – ich nenne sie Jennifer – verbindet den Drehtanz mit dem Stichwort Religion: «Ich denke, er könnte eine religiöse Zeremonie sein, ein Weg, die Religion auszuleben. Es könnte die Absicht dahinter stecken, dass man die zwei Elemente Mensch und Welt verbinden will, dass man spürt, was der Schöpfer (Gott etc.) geschaffen hat.» Diese Verbindung zwischen Mensch und Welt, Mensch und Gott, entspricht ziemlich genau dem Ziel des sufischen Drehens.

Jennifer selbst hat beim Drehen vor allem «Glückssymptome» erlebt, wie sie es nennt. «Während des Drehens musste ich lachen, weshalb weiss ich auch nicht genau. Aber ich denke, es könnte sein, dass ich es einfach lustig fand. Beim Drehen konzentrierte ich mich nur auf den Körper. An diejenigen Sachen,

die mich bedrücken und traurig machen, dachte ich gar nicht mehr.» Auch mit dieser Aussage ist Jennifer dem Sufismus näher, als sie wahrscheinlich ahnt. «Freude finden im Herzen, wenn die Zeit des Kummers kommt», ist nämlich eine berühmte Antwort von Dschalal ad-Din ar-Rumi auf die Frage, was Sufismus sei. Alle anderen Jugendlichen bringen den Drehtanz nicht mit ihrem Begriff von Religion in Zusammenhang. Interessanterweise aber beschreiben sie die Gefühle, die sie beim Drehen erlebten, mit vielen Wörtern, die sonst im Umfeld von Religion oder religiösen Erfahrungen verwendet werden: Himmel, Freiheit, Engel, fliegen, glücklich sein, Sorgen vergessen, nicht denken, leer werden oder Meditation.

Himmel, Übermenschen und kein Gott

«Ich habe mich wie ein Engel gefühlt, der in den Himmel hochsteigt, ich habe nur Musik gehört, sonst war alles abgeschaltet», schreibt eine Jugendliche direkt nach dem Drehen. Nach einem für sie wichtigen Ritual gefragt, schreibt die gleiche Schülerin: «Für meinen Freund, der sich umgebracht hat, bete ich jeden Tag drei Mal (nicht religiös)». Wer steht hinter diesen Aussagen? Was ist das für eine junge Frau, die sich beim Drehen wie ein Engel fühlt und ihr Beten als «nicht religiös» beschreibt? Ich frage sie, ob sie zu einem persönlichen Gespräch bereit wäre, und sie sagt zu.

Miriam – auch dieser Name ist ein Pseudonym – ist eine ruhige und auf den ersten Blick unauffällige Schülerin. Doch sie hat schon viel erlebt: Vor ungefähr einem Jahr hatte sie sich von ihrem Freund getrennt, obwohl sie ihn liebte; aber sie kam mit seiner Drogensucht und seinen Selbstverletzungen nicht mehr zurecht. Am nächsten Tag wurde er tot aufgefunden. Seither trägt sie Schwarz.

Erst ist Miriam etwas unsicher, doch bald voller Vertrauen. Sie erzählt mir von ihrem «Weltenbild», das hinter den Aussagen über ihr Erleben des Drehtanzes steht. Für Miriam befinden sich alle Toten im Himmel, auch ihr Freund: «Ich glaube, er ist wie ein normaler Mensch im Himmel und sein Geist ist bei mir, aber der Rest ist oben und er schaut auf mich runter und so sind wir verbunden.» Ähnlich hatte sie beim Drehen das Gefühl, dass sie in den Himmel hochsteige, dass ihr Körper auf der Erde bleibe, ihr Geist sich aber mit dem Universum, dem Himmel und ihrem Freund verbinde.

Doch ihr «Weltenbild» hört nicht mit Himmel und Erde auf. Es gibt für Miriam noch eine weitere Welt. In dieser leben eine Art Übermenschen; diese sind ganz lieb und wollen etwas Perfektes machen auf unserer Erde: «Wer stirbt, kommt in den Himmel. Dort bekommt er die Aufgabe, auf einen Menschen, der auf der Erde lebt, aufzupassen. Wenn dieser stirbt, wird er als Übermensch in die bessere Überwelt geboren, ähnlich wie wir hier auf der Erde, und lebt dann dort. So kommt man immer weiter. Ich weiss es aber auch nicht genau. Auf jeden Fall gibt es kein höheres Wesen wie zum Beispiel Gott, der über alles wacht; vielmehr passt immer einer im Himmel auf einen auf der Erde auf. Die Menschen lernen das ganze Leben lang, dann kommen sie eine Welt weiter, um das anzuwenden. Vielleicht gibt es auch mehr als diese drei Welten, aber so weit hab ich noch nicht überlegt.»

Miriam glaubt, dass ihr Freund derjenige ist, der im Himmel auf sie aufpasst. Trotz dieses von aussen gesehen religiösen Weltbilds, verneint Miriam für sich jede Religiosität, denn religiös sein würde für sie bedeuten, von aussen in ihrem Glauben eingeschränkt zu werden. Und Gott existiert für Miriam ganz klar nicht. Sie und fast alle ihre Mitschülerinnen und Mitschüler fühlen sich beim Drehen nicht mit Gott verbunden. Denn zu etwas, was nicht existiert, kann man auch keine Verbindung aufbauen.

Allerdings bezeichnen viele der von mir befragten Jugendlichen das Drehen als eine tiefe Erfahrung ihrer selbst. Diese aber bringen sie nicht mit Religion in Zusammenhang, denn Religion ist für sie etwas, das von aussen vorgegeben wird, verbunden mit einer Institution. Eine Schülerin formuliert das so: «Ich habe im Moment nicht so viel am Hut mit Gott und dem heiligen Geist und all dem. Ich bin jemand, der an die Tatsachen glaubt. Klar glaube ich an eine höhere Macht, aber dass es der allmächtige Gott ist, glaub' ich weniger. Ich habe momentan nur mit der katholischen und protestantischen Religion beziehungsweise Kirche ein Problem. Mir wurden zu viele Sachen erzählt, an die ich im Moment nicht glauben kann.» Sie selber möchte mehr Flexibilität und Vielfalt: «Mit anderen Religionen habe ich weniger Probleme, Buddhismus oder das Judentum. Ich finde die griechischen Götter interessant. Jeder Mensch soll selber entscheiden, was Religion in seinem Leben ist ... Ich finde, dass Religion verschieden sein kann.» Genau so verschieden wie die Drehtanzerfahrungen der Jugendlichen – einzigartig, individuell und doch im Kern ähnlich. Das Drehen hat für sie nichts mit dem zu tun, was sie unter Religion und Gott verstehen, aber viel mit Freiheit, Gedankenleere, Abstand von Alltagsproblemen und Glücklichsein.

«DAS GÖTTLICHE HA
VIELE GESICHTER»

AUS DER LEBENSWELT EINER
MODERNEN HEXE

Andrea Greter

«Ich rufe die Wächter des Westens, des Regens und des Morgentaus, der Seen und der tiefen Meere. Ich heisse euch willkommen, Wassergeister! Ihr spendet uns Lebensfreude und Kreativität. Ich grüsse euch, Mächte des Westens, hail and welcome!»

Es ist Beltane oder Walpurgisnacht – Fest der Fruchtbarkeit. Den ganzen Tag hat es in Strömen geregnet. Pünktlich zu Beginn des Rituals lichten sich die Wolken. Etwa 15 moderne Hexen und Druiden haben sich an diesem 30. April versammelt, um gemeinsam den Sommerbeginn zu zelebrieren. Symbolisch wird die «heilige Hochzeit» von Göttin und Gott – Voraussetzung für die Fruchtbarkeit des Landes – mit Gesängen, Ritualen und Tanz um den Maibaum gefeiert. Die Teilnehmerinnen und Teilnehmer haben sich mit Blumen geschmückt und bilden nun einen Kreis, der als heiliger Raum fungiert. In der Mitte steht der mit farbigen Bändern geschmückte Maibaum. Es ist ein Fest der Farben, denn die Natur steht in voller Blüte. Bevor Göttin und Gott in den Kreis eingeladen werden, werden die vier Himmelsrichtungen angerufen, die symbolisch für die Verbindung zu den vier Elementen stehen. Die vier Elemente werden später im rituellen Ablauf eine wichtige Rolle spielen. Yaga hat die Aufgabe übernommen, den Westen anzurufen und sich mit dem Element Wasser in Verbindung zu setzen.

Vor etwa vier Jahren hat Yaga den Weg der Naturreligion eingeschlagen. Sie bezeichnet sich als Heidin.

Seitdem begeht sie Beltane und sieben weitere heidnische Feste, die sich am Jahreskreis orientieren. Im Frühling beispielsweise feiert sie das Erwachen der Natur, im Sommer zelebriert sie den längsten Tag im Jahr und im Herbst gibt es ein Erntedankfest. «Diese zum Teil historischen Feste haben in der heutigen Zeit kaum noch Grundlagen», meint Yaga. «Heute müssen wir keinen Erntedank mehr feiern, wir können jederzeit in die Migros gehen.» Trotzdem findet sie es wichtig, sich das Bewusstsein zu bewahren, dass die Natur ihre Zyklen hat. Dass alles einmal wächst und blüht, dann Früchte trägt und sich die Natur danach eine Ruhepause gönnt. «Dann wird es kalt und man ruft den Gott des Lichtes herbei und wartet darauf, dass die Tage wieder länger werden.»

Keine Sonntagsreligion

«Wenn ich mit der Göttin oder dem Gott kommuniziere, sind dies zwei verschiedene Aspekte derselben Grundenergie», glaubt Yaga. Sie sitzt mit angewinkelten Beinen vor dem kleinen Altar, den sie in ihrem Zimmer eingerichtet hat. Für die sympathische 21-Jährige existieren die Götter nicht als eigenständige Wesenheiten. Vielmehr sind sie verschiedene Manifestationen einer göttlichen Kraft, die das ganze Universum durchdringt. Gott und Göttin können verschiedene Gesichter annehmen. So zeigt sich die Göttin mal als Mutter, mal als Freundin oder auch als alte Frau, die einen Rat gibt. Oder sie verkörpert einen ihrer unzähligen Aspekte, indem sie als spezifische Gottheit erscheint. Beispielsweise als Ostara, die den Frühling symbolisiert.

In einer Naturreligion residieren die Götter nicht in einem transzendenten, fernen Himmelsreich, sondern umgeben uns Menschen in der unmittelbaren Natur. «Nicht nur: Gott hat die Welt gemacht, sondern: Gott ist die Welt. Das heisst in der Konsequenz für mich, dass auch ich göttlich bin, dass ich Teil des Ganzen bin», erklärt Yaga. «Die Naturreligion hält mich dazu an, mich mit dem zu befassen, was vor meiner Haustür ist. Mit dem Baum, der da draussen wohnt, mit den Gräsern, die da draussen wachsen, und mit dem Wald, der da oben ist. Und nicht mit irgendeiner abstrakten Idee, die in einem Buch steht und die ich mir nur vorstellen kann. Sondern einfach mit dem, was hier passiert. Darum ist die Naturreligion für mich ganz stark eine Alltagsreligion. Sie zeichnet sich im Vergleich zu anderen Religionen dadurch aus, dass du quasi auf dem Boden bleibst.»

Selber denken

Dass Yaga mit beiden Füssen auf dem Boden steht, beweist sie an einem schwülen Samstagmorgen in der Turnhalle eines Sportzentrums. Das Klirren von Schwertern hallt im Raum wider. Blitzschnell saust ihre Klinge durch die Luft und trifft mit einem präzisen Schlag auf eine Schwachstelle ihres Gegners. Als dieser wiederum zum Angriff ansetzt, wehrt sie ihn gekonnt ab. «Gladius et Codex», was so viel bedeutet wie «Schwert und Buch», heisst der Verein, in dem sie historischen Schwertkampf trainiert. Die Techniken werden aus Quellen rekonstruiert, die von Fechtkampfmeistern des Mittelalters und der frühen Neuzeit geschrieben wurden. Für Yaga bedeutet diese Form von Schwertkampf ein interessantes Wechselspiel zwischen der Orientierung an einem Vorbild und individueller Interpretation. Die Techniken müssen zuerst theoretisch erarbeitet werden, bevor man sie anwenden kann. Yaga schätzt diesen aktiven Aspekt, den der Schwertkampf durch das Forschen gewinnt. Man kann nicht nur konsumieren, sondern man muss «selber denken».

«Selber denken» ist für sie auch ein wichtiger Aspekt ihrer Religion. Das neue Heidentum ist nicht auf einen Weg oder auf eine Philosophie zu beschränken. Obwohl es verschiedene naturreligiöse Richtungen gibt, die sich Wicca, Hexentum, Druidentum, Asatru oder Neoschamanismus nennen, ist die Naturreligion vor allem ein Weg der Individualität. «Ich habe meine eigene Art, die Naturreligion zu leben. Ich bin eigentlich jemand, der sich aus allem ein bisschen die Rosinen rauspickt», lacht Yaga. Dieser Individualismus hat für sie den grossen Vorteil, dass sie gezwungen ist, sich eigene Gedanken zu machen. Und dass sie sich immer wieder ins Bewusstsein rufen muss, was sie glaubt, was ihre Überzeugungen sind und warum dies so ist. Die Naturreligion kennt keine Dogmen. «Die naturreligiösen Götter schreiben einem nicht irgendwas vor und strafen einen, wenn man es nicht macht, oder belohnen einen, wenn man sich daran hält. Sie zeigen einem einfach die Folgen auf von dem, was man tut. Indem du diese Zusammenhänge erfährst, merkst du, dass du eigentlich ein Teil eines Ganzen bist. Die logische Konsequenz ist, dass du dich um das Ganze kümmerst, um die Natur und um deine Mitmenschen.» So beschränkt sich Yaga nicht darauf, Mitglied beim WWF zu sein und sich darum zu bemühen, ihren ökologischen Fussabdruck möglichst klein zu halten. Sie fühlt sich auch im Kleinen dafür verantwortlich, was sich in ihrer unmittelbaren Umgebung abspielt. Wenn sie durch den Wald geht, geht sie oft barfuss. «So erlebe ich den Weg noch viel intensiver, mit ganz anderen Sinnen.» Ab und zu hält sie inne, um einen Baum, einen Strauch oder ein Tier zu beobachten. Die Hektik der Stadt scheint sie, sobald sie einen Fuss in den Wald setzt, hinter sich zu lassen.

«Wenn du ein Kind bist …»

«Mein Glaube hat sich in meiner Kindheit entwickelt und seit damals eigentlich nicht mehr gross verändert. Ich bin immer bei meinem kindlich-animistischen Weltbild geblieben», resümiert Yaga. «Wenn du ein Kind bist, wenn du mit allem kommunizieren kannst, wenn du Teil von allem bist, dann bist du glücklich. Wenn ich das bewahren kann, ist dies für mich ein grosser Schritt zu der Weltansicht, die für mich wichtig ist.» Yaga erzählt rückblickend, dass sie relativ lange das Gefühl hatte, sie sei Christin. Sie ist katholisch aufgewachsen und hat eine Weile ministriert. «Als ich dann die kleinen Ministranten unter mir hatte, wurde mir gesagt, ich verderbe sie mit meinem freizügigen Gedankengut», schmunzelt Yaga, «ich bekam ziemlich ‹auf den Deckel›. Da habe ich gewusst: Das ist nichts für mich, und bin gegangen.»
Aus der katholischen Kirche ist sie ausgetreten. Doch mit Jesus, Maria und Gott konnte sie nach wie vor etwas anfangen, da sie ihr eigenes Bild von ihnen hatte. Eine Zeitlang hatte sie ihren eigenen Glauben gelebt, bis sie schliesslich zur Naturreligion fand. Yaga schüttelt sich vor Lachen, als sie sich erinnert, wie kitschig die ersten Bücher über das Hexentum waren, die ihr in die Hände gerieten: «Das waren in Pink und Violett gehaltene Bücher über Themen wie ‹Der grosse Liebeszauber› und ‹Magie für Teenager› – einfach das Schlimmste.»
Sie hat sich dennoch weiter informiert, bis sie im Internet auf ein Forum gestossen ist. «Dort habe ich Leute kennen gelernt und quasi die Bestätigung erhalten, dass es auch andere Menschen gibt, die dasselbe glauben wie ich. Und die wohnen nicht etwa nur in Amerika oder so, sondern auch in Zürich, gleich um die Ecke.» Dies hat sie ermutigt, ihren Weg weiterzugehen. Sie hat sporadisch Leute aus dem Forum getroffen, an Stammtischen teilgenommen und sich über Bücher informiert. «Es war ein Prozess. Ich habe nicht von einem Tag auf den anderen gesagt, ich bin jetzt Heidin. Ich habe mir ein Jahr Probezeit auferlegt, bevor ich die Religion definitiv gewechselt habe.»
Ihre Eltern haben dies auch mitbekommen. «Mit meiner Mutter diskutiere ich oft über solche Dinge.» Yaga

konnte ihr vermitteln, dass das, was sie neu entdeckt hatte, sich nicht grundsätzlich von dem unterscheidet, was sie beide kannten. Ihr Vater fand, sie solle das machen, was das Beste für sie sei. Sie könne schliesslich denken.

Magie und Esoterik

Auch Yagas Klasse an der Pädagogischen Hochschule, an der sie die Ausbildung zur Kindergärtnerin macht, weiss um ihre Religion. Sonst ist Yaga eher ein bisschen vorsichtig im öffentlichen Bereich. «Ich habe eine Primarlehrerin gekannt, die aus ihrer Naturreligion kein grosses Geheimnis gemacht hat. Sie ist an ihrer Schule rausgemobbt worden, weil die Kollegen dachten, sie würde die Kinder verderben. So richtig klischeehaft, das war wirklich hart», erzählt sie.

Selber hat sie jedoch noch nie schlechte Erfahrungen gemacht. «Am Anfang sind die Leute eher irritiert, wenn sie davon erfahren. Dann merken sie, dass du immer noch der normale Mensch bist, als den sie dich kennen gelernt haben.» Kennen gelernt haben die Schulkameraden Yaga unter dem Namen Barbara. Den Namen Yaga hatte sie vor ein paar Jahren intuitiv gewählt, als sie für ein Internetforum einen «Nicknamen» brauchte. Seither wird sie auch im richtigen Leben von immer mehr Leuten Yaga genannt. «Falls es so etwas gibt, ist dies mein Hexenname», erklärt sie.

Als Hexe bezeichnet sich Yaga, weil sie zusätzlich zu ihrem naturreligiösen Glauben Magie praktiziert. Oft wird sie in die Esoterik-Ecke gesteckt, wenn sie von ihrer Religion erzählt. «Ich bin aber ein Mensch, der mit Esoquatsch überhaupt nichts anfangen kann. In der Magie ist es nicht so, dass sich irgendwelche Geister manifestieren, die dir Gold bringen oder so», scherzt Yaga. Der Unterschied zwischen Magie und Esoterik liegt für sie darin, dass die Esoterik Hilfe von aussen anpreise, während man in der Magie selber etwas bewirke. Sie erklärt, dass es eine bestimmte Weltsicht braucht, um Magie zu praktizieren. Nämlich, dass man glaubt, dass alles im Fluss ist und nicht so stabil, wie es scheint. «Die Energien, aus denen die Welt besteht, kann man formen», führt sie aus. «Wir alle formen mit unseren Handlungen und Gedanken die Realität ein Stück weit. In der Magie tut man dies einfach bewusst.»

Magie bedeutet für Yaga auch die Kunst, sich selbst zu verändern. Rituale versteht sie als eine Art Zeichensprache, um auf symbolischer Ebene mit dem Unterbewusstsein zu kommunizieren. Wenn sie sich beispielsweise von einer bestimmten Erinnerung trennen und deren Einfluss schwächen will, nimmt sie einen Gegenstand, der diese Erinnerung symbolisiert und bindet ihn an sich fest. «Dann nehme ich ein Messer und befreie mich quasi davon. Je konkreter ich dies tue, desto eindrücklicher ist dies für mein Unterbewusstsein. Magie ist kein Hokuspokus, sondern eigentlich etwas Psychologisches.»

Yaga ist überzeugt, dass es sich auch in der Umwelt manifestiert, wenn man sich selbst verändert. Und wenn sie am Beltane-Fest den Westen anruft und sich mit dem Element Wasser in Verbindung setzt, öffnet sie ihr Bewusstsein für die verschiedenen Aspekte des Göttlichen, woraus die Umwelt schliesslich besteht. Das Göttliche hat viele Gesichter.

Deshalb ist Yaga überzeugt, dass die Naturreligion letztendlich für die ganze Gesellschaft und gesamte Welt gut wäre. «Weil sie dazu anhält, zur Umwelt Sorge zu tragen und weil sie dazu anhält, selber zu denken.»

REINER ANSELM,

1965, hat in München, Heidelberg und Zürich Theologie studiert. Nach der Promotion, der Habilitation und der Ausbildung zum Pfarrer der bayerischen Landeskirche in München war er Professor für Systematische Theologie in Jena, seit 2001 ist er Professor für Ethik in Göttingen. Derzeit arbeitet er als Gastprofessor in Zürich und ist dabei Geschäftsführer des Zentrums für Religion, Wirtschaft und Politik. Er wohnt in München.

RICO A. CAMPONOVO,

1955, hat Chemielaborant in der Ciba-Geigy (heute Novartis) gelernt und danach im chemischen Labor des Kinderspitals Zürich gearbeitet. 1978 hat er an der AKAD (Maturitätsschule für Erwachsene) die Matura nachgeholt und schliesslich in Zürich Ökonomie und Jurisprudenz studiert. Seit 1995 arbeitet er als Rechtsanwalt in einer internationalen Wirtschaftsprüfungs- und Beratungsgesellschaft. Er hat viele berufsbezogene Fachartikel, aber auch literarische Kurzgeschichten publiziert. 2001 hat er das Studium der Religionswissenschaft mit Wahlbereich Religionsphilosophie und einem besonderen Interesse für die Eschatologie in Angriff genommen. Er wohnt in Zürich.

SILVIA GARTMANN,

1985, beendete 2004 die Kantonsschule Chur mit der rätoromanisch-deutschen Maturität. Seither studiert sie in Zürich Religionswissenschaft mit einem Schwerpunkt auf Religionssoziologie. Ihre besonderen Interessen liegen in den neuzeitlichen religiösen Formen und Bewegungen des Katholizismus und der Religionen in China. Seit dem Sommersemester 2007 präsidiert sie ausserdem den studentischen «Fachverein für Religionswissenschaft und Theologie» der Universität Zürich.

MONIKA GLAVAC,

1979, hat in Zürich Germanistik, Romanistik und Religionswissenschaft studiert. Seit 2006 ist sie Doktorandin der Religionswissenschaft und beschäftigt sich mit dem Thema der Karikaturen in der europäischen Religionsgeschichte. Daneben ist sie als Journalistin tätig und hat verschiedene literarische Arbeiten veröffentlicht. Sie wohnt in Zürich.

ANDREA GRETER,

1981, hat das Gymnasium in Sursee besucht und mit der Wirtschafstmaturität abgeschlossen. 2002 hat sie ein Studium der Volkskunde an der Universität Basel begonnen und gleichzeitig das Latinum gemacht. Daneben war sie in Teilzeit als Konservatorin der «Sammlung historischer Biscuitdosen» des Läckerlihuus Basel tätig. 2003 wechelte sie zum Studium der Ethnologie an die Universität Zürich mit Schwerpunkt Religionsethnologie und Visuelle Anthropologie. Von September 2007 bis April 2008 befindet sie sich auf Feldforschung in Nepal für ihre Lizentiatsarbeit.

JÜRG HAUSWIRTH,

1971, hat die altsprachliche Matur am Realgymnasium Rämibühl in Zürich und danach die Ausbildung als Betriebsdisponent bei den Schweizerischen Bundesbahnen abgeschlossen. Er war in verschiedenen Bahnhöfen der Schweiz tätig. Seit 2004 studiert er in Zürich Religionswissenschaft mit Schwerpunkt auf dem Christentum. Sein besonderes Interesse gilt dem Verhältnis zwischen Bild, Text und Handlung in religiösen Traditionen sowie dem Protestantismus.

ANNA-KATHARINA HÖPFLINGER,

1976, hat in Zürich Religionswissenschaft studiert. Seit 2004 ist sie Doktorandin der Religionswissenschaft. Neben dem Blick auf antike Religionen in Bildern und Texten gilt ihr Interesse den Themen Gender und Religion sowie Kleidung und Religion. Sie wohnt mit Partner und Sohn im Kanton Zürich.

STEFANIE KELLER,

1983, war nach der Matura als Lernhelferin in Brasilien tätig. Seit 2005 studiert sie Theologie in Zürich und arbeitet nebenbei im Textilbereich. Gelegentlich erteilt sie Nachhilfeunterricht und engagiert sich in verschiedenen Projekten für Kinder und Jugendliche.

WERNER LATAL,

1938, war als Ingenieur in der Elektronik tätig. Nach seinem beruflichen Leben hat er 2003 mit dem Studium der Religionswissenschaft an der Universität Zürich begonnen und bereitet sich nun auf das Lizentiat vor. Schwerpunktthemen sind die Reformationszeit, das Judentum und das frühe Christentum. Daneben unterrichtet er an einer berufsbegleitenden Erwachsenenbildungsschule. Er wohnt in Zürich.

URSULA MARKUS,

1941, wurde in Kolumbien geboren und lebte in Trinidad, Iran, Israel und Australien. Sie veröffentlichte Fotobücher über Australien, Bhutan, die Tonhalle in China, Kinder und Theater. Ihre neuesten Veröffentlichungen sind «Und Morgen ist alles anders, Leben mit Alzheimer», «Mensch Langstrasse» und «Schöne Aussichten, über Lebenskunst im hohen Alter». Sie hat zwei Töchter, lebt heute in Zürich und arbeitet als freischaffende Fotografin.

ROGER MEIER,

1978, studiert seit 2002 Religionswissenschaft und Religionsphilosophie in Zürich. Er hat viel zum Thema «Religion als Kontingenzbewältigung» gearbeitet. Seine Präferenzen liegen im Bereich der griechischen Orthodoxie, der Religionsgeschichte Kretas, sowie der Hindu-Religionen. Im Sommer 2008 wird er voraussichtlich seine Lizentiatsarbeit über die ISKCON Schweiz einreichen.

FABIAN PERLINI,

1977, absolvierte eine Treuhandlehre und arbeitete als kaufmännischer Angestellter. Von 2000 bis 2004 besuchte er berufsbegleitend die Aargauische Maturitätsschule für Erwachsene (AME). Seit 2004 studiert er in Zürich Religionswissenschaft mit Wahlbereich Religionssoziologie. Sein Hauptinteresse gilt religiösen Aspekten populärer Medien. Er wohnt mit seiner Frau im Kanton Aargau.

DENISE PERLINI-PFISTER,

1971, hat nach bestandener Prüfung zur eidg. dipl. Marketingplanerin 1999 bis zu ihrem Eintritt in die Universität Zürich als Marketingfachfrau gearbeitet. Seit Frühling 2005 studiert sie Religionswissenschaft mit Schwerpunkt auf dem Christentum und einem besonderen Interesse für die Religionsgeschichte. Sie liebt Sprachen und hat Diplome in Englisch, Japanisch, Französisch und verschiedenen alten Sprachen abgeschlossen.

DARIA PEZZOLI-OLGIATI,

1966, hat Theologie in Freiburg und in Zürich studiert. 1996 doktorierte sie mit einer Arbeit zur Johannesapokalypse, 2002 folgte die Habilitation in Religionswissenschaft mit einer Studie zu religiösen Stadtbildern in der Antike. Seit 2004 ist sie Förderungsprofessorin des Schweizerischen Nationalfonds für Religionswissenschaft in Zürich. Sie setzt sich unter anderem mit dem Thema Medien und Religion auseinander. Sie lebt mit ihrem Ehemann und ihren zwei Söhnen im Tessin.

ANNETTE SCHELLENBERG,

1971, studierte in Zürich Theologie und spezialisierte sich danach im Fach Altes Testament. Nach ihrer Dissertation verbrachte sie zwei Jahre am Department of Near Eastern Languages and Cultures an der UCLA in Los Angeles, wo sie an ihrer Habilitation arbeitete und Mittelägyptisch lernte. Seit 2007 ist sie Assistant Professor of Old Testament am San Francisco Theological Seminary in Kalifornien.

THOMAS SCHLAG,

1965, ist seit 2005 Assistenzprofessor für Praktische Theologie mit den Schwerpunkten Religionspädagogik und Kybernetik an der Theologischen Fakultät der Universität Zürich. Nach dem Studium der Theologie und Politikwissenschaft in Tübingen und München war er Pfarrer in verschiedenen Gemeinden in Württemberg, Studienleiter an der Evangelischen Akademie Bad Boll im Fachbereich Gesellschaftspolitische Jugendbildung und DFG-Stipendiat an der Universität Tübingen. Er wohnt mit seiner Familie in Zürich und Calw.

ANNA SIEG,

1982, studiert seit 2003 allgemeine Geschichte, Religionswissenschaft und Internationale Beziehungen in Zürich. Sie hat ein Semester an der Universität Athen absolviert und schreibt zurzeit eine Lizentiatsarbeit über den Zypernkonflikt, daneben arbeitet sie als wissenschaftliche Mitarbeiterin im Archiv für Zeitgeschichte an der ETH Zürich. Sie wohnt in Zürich.

ROMEA SPÖRRI,

1976, ist Tänzerin, Tanzlehrerin und Choreographin mit eigener Tanzschule und studiert seit 2004 an der Universität Zürich Religionswissenschaft mit Wahlbereich Islam. Sie lebte längere Zeit in Kairo und befasste sich dort vor allem mit der Sprache, dem Tanz und der Kultur Ägyptens. Besonders fasziniert ist sie von den Übergängen zwischen Tanz und Religion.

KARIN-THALMANN HERETH,

1967, studierte in Zürich und Genf Psychologie, Psychopathologie des Kindes- und Jugendalters und Germanistik. 2000 doktorierte sie in Psychologie mit dem Thema «Jugend zwischen früh und spät – die ‹sophisticated generation». Sie ist Autorin des gleichnamigen Buchs sowie diverser Artikel. Seit 2001 studiert sie Theologie an der Universität Zürich – in kleinen Schritten, da sie Mutter von drei Kindern zwischen fünf und fünfzehn Jahren ist. Daneben arbeitet sie als Musiktherapeutin, Psychologin und Fussreflexzonentherapeutin.

PHILIPP WENK,

1981, durchlief in Zofingen die pädagogische Fachhochschule. Er arbeitete danach drei Jahre lang als Primarlehrer. Seit 2006 studiert er Theologie im Vollstudium. Den alten Sprachen und der systematischen Theologie gilt sein Hauptinteresse.

MICHAEL WIESMANN,
1981, studiert seit 2003 Theologie in Zürich. Neben seinem Studium ist er als Jugendarbeiter in der evangelisch-reformierten Kirchgemeinde Zürich-Seebach tätig. Zu seinen vorrangigen Interessen zählen sowohl ethische als auch praktisch-theologische Fragestellungen